O Negócio da Comunicação
Do Conceito à Ação

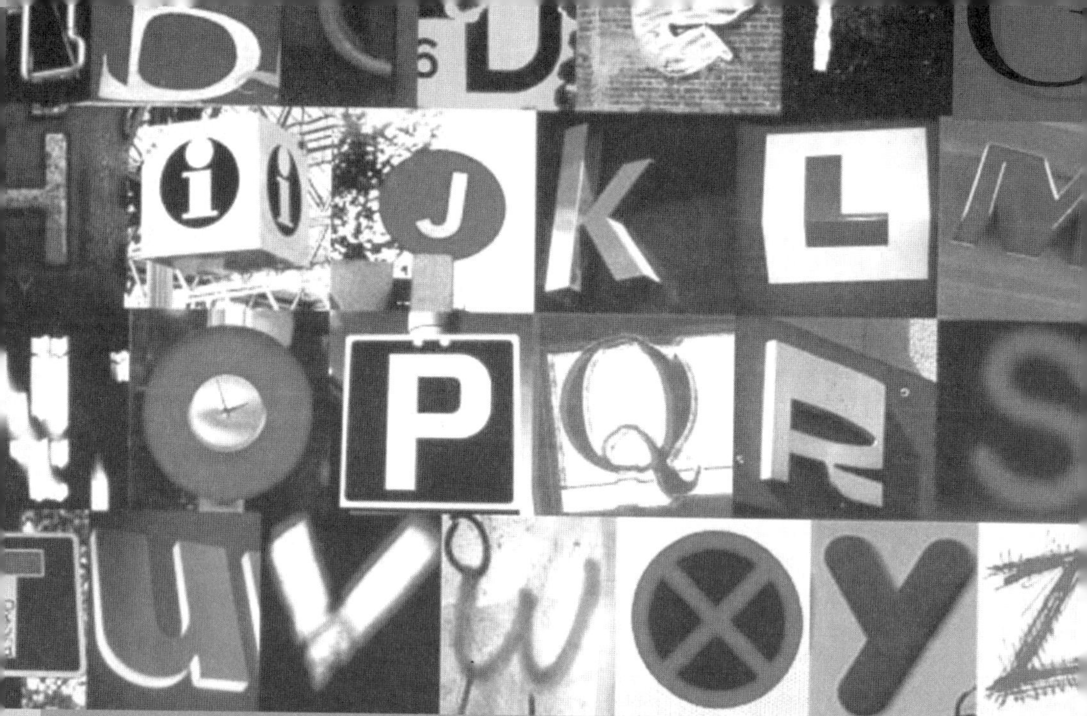

Sandra Maia

O Negócio da Comunicação
Do Conceito à Ação

Copyright © 2010 Sandra Maia

Todos os direitos desta edição reservados à Qualitymark Editora Ltda.
É proibida a duplicação ou reprodução deste volume, ou parte do mesmo,
sob qualquer meio, sem autorização expressa da Editora.

Direção Editorial	Produção Editorial
SAIDUL RAHMAN MAHOMED editor@qualitymark.com.br	EQUIPE QUALITYMARK

Capa	Editoração Eletrônica
RENATO MARTINS Artes & Artistas	EDEL

1ª Edição
2011

CIP-Brasil. Catalogação-na-fonte
Sindicato Nacional dos Editores de Livros, RJ

M188n
    Maia, Sandra, 1960-
        Negócio & comunicação: do conceito à ação / Sandra Maia. – Rio de
    Janeiro: Qualitymark, 2010.
        152p.

        Anexos
        Inclui bibliografia
        ISBN: 978-85-7303-960-3

        1. Comunicação nas organizações. 2. Comunicação empresarial. I. Título.

CDD: 658.45
10-4408   CDU: 005.57

2011
IMPRESSO NO BRASIL

Qualitymark Editora Ltda.
Rua Teixeira Júnior, 441
São Cristóvão
20921-405 – Rio de Janeiro – RJ
Tels.: (0XX21) 3295-9800 ou 3094-8400

Fax: (0XX21) 3295-9824
www.qualitymark.com.br
E-mail: quality@qualitymark.com.br
QualityPhone: 0800-0263311

Agradecimentos

A elaboração desse livro não seria possível sem os inúmeros mestres que cruzei pelo caminho. Aprendi com eles muito do que sei e do que exerci. Sou, por isso, profundamente grata a meus pares, superiores, fornecedores, funcionários e parceiros que me fizeram ler a comunicação e o negócio com uma visão mais do que ampliada.

Esses executivos com os quais me relacionei foram, ou melhor – são exemplos – de liderança e, posso afirmar – se mostraram ao longo do tempo extremamente generosos no que diz respeito a compartilhar sua sabedoria e vivência no mundo corporativo. Eles sem dúvida fazem parte do meu crescimento e, O NEGÓCIO E COMUNICAÇÃO, é a forma que encontrei para retribuir o aprendizado com você leitor, que espero possa também se apaixonar por esse tema que nada mais é que puro relacionamento.

Não poderia deixar de mencionar aqui minha fonte maior de inspiração. Dedico esse livro a meu pai (in memória) que, como um excepcional homem do negócio da comunicação e de relações públicas foi sempre o alicerce do meu desenvolvimento. Fica aqui por isso, minha certeza de que mais do que entender é preciso experimentar e incorporar os conceitos – eles afinal, tratam, de vida, de valores, de tudo o que faz a comunicação possível.

Bons negócios! Boa leitura.

PREFÁCIO

Sandra Maia une o lirismo da poesia ao pragmatismo das ciências de comunicação.

Ativista no mercado com ampla experiência no mundo dos negócios lança autênticos conceitos modernos ao universo saturado de mesmice que caracteriza os processos de competição na mídia.

Exatamente por isso o livro *Negócio & Comunicação: do Conceito à Ação* é um manual que interessa desde o acadêmico até o sofisticado criativo da publicidade.

Sandra Maia seguiu à risca a filosófica matriz de pensamento – Não existe caminho a caminhar, o caminho se faz caminhando.

O seu pensamento é paralógico e, portanto, é dentro das tendências mais inteligentes desta ciência que se faz arte/arteira para conseguir um objetivo civilizatório – interargir, persuadir, realizar.

Um livro de leitura desafiante dentro da cultura de massas que é o apanágio do século XXI.

Jacob Pinheiro Goldberg
Psicanalista e escritor

Apresentação

Comunicação, outra Paixão

Rima pobre no verso, comunicação e paixão encontram pleno sentido quando alguém senta com Sandra Maia para falar de sua atividade profissional há quase 25 anos. Relações Públicas por formação, Sandra conhece teórica e praticamente não só a comunicação institucional, mas a mercadológica – tem também pós-graduação em *Marketing*.

E é desta ampla visão que ela escreve – de quem vê da perspectiva das vendas que resultam do esforço comercial e, ao mesmo tempo, mergulha no âmbito do posicionamento, da imagem e da reputação, que valoram marcas e ações. E daí ela oferece, neste livro, conhecimentos e informações mais do que úteis para quem quer entender um pouco do assunto, mas, e principalmente, a quem objetiva resultados.

Sandra conceitua o básico e o complexo de forma simples e direta, como executiva de comunicação e *marketing* que é. Esclarece aspectos operacionais, e conceituais, ensinando como otimizar investimentos e recursos com medidas práticas que ela mesma testou ao longo de anos à frente da comunicação de marcas corporativas, de produtos e serviços nacionais e globais, com apoio de agências de relações públicas, de publicidade e promoções com as quais trabalha.

Vi a mesma Sandra que estudou por dois anos e formou-se em Ioga, por puro prazer, comandar quase como um general, que conhece a arte da guerra das marcas, a aplicação de inúmeras fórmulas e estratégias, aqui oferecidas, que trouxeram sempre grande retorno às empresas em que atuou. Muito bem preparada e antenada na inovação, é muito exigente, disciplinada e aplicada consigo mesma e com os projetos que lidera.

Durante boa parte dos 15 anos em que atendemos, sob seu comando, a conta de assessoria de comunicação da *Accor Hospitality e suas marcas Sofitel, Novotel, Mercure, Parthenon, Ibis e Formule 1,*

Sandra sempre revelou, ao mesmo tempo, extrema sensibilidade e foco nos resultados. E teve competência para alcançá-los e generosamente compartilha aqui esta trajetória.

Durante o rico período em que convivemos, em dezenas de projetos de administração de crise, assessoria de imprensa, posicionamento, *media training*, lançamentos de ferramentas, produtos e marcas, entre tantos outros, que realizamos para o grupo francês, Sandra sempre se revelou interessada não só no aspecto executivo, mas em compreender e aprofundar conceitos. E isso fez toda diferença para o sucesso dos empreendimentos colocados sob sua liderança.

Convidada pela Editora Qualitymark, Sandra aceitou o desafio de contar um pouco de seus *cases* e experiências neste livro que ela, com humildade, disse ter sido escrito para contribuir com sua prática, especialmente, para estudantes. Mas, será muito útil para quem decide o rumo das organizações e compreende a força da comunicação neste ambiente de interatividade e globalização.

Espere, portanto, encontrar muita informação útil neste livro para o cotidiano dos seus negócios.

Para completar devo reforçar um aspecto que se observa em relação a outros livros do gênero, é a habilidade ímpar que Sandra revela na abordagem do tema, como já assinalei, de fácil entendimento a diferentes públicos.

Ela escreve, em *Negócios & Comunicação*, como se estivesse em uma boa conversa: leve e solta. A exemplo de como fala em entrevistas para rádio, jornal ou televisão. E está aí um pouco talvez de seu segredo: suas *outras paixões acabaram contribuindo muito para o estilo deste livro que se propõe teórico e prático, mas sem peso algum. É que Sandra gosta de escrever, gosta de conversar, adora se comunicar. E faz isso não só como profissional de comunicação.*

É autora de dois livros sobre amor e relacionamentos e ainda é colunista na mídia impressa, na Internet e ancora um blog, em que compartilha sua visão feminina sobre as relações homem–mulher. Bem em tudo: no escritório das multinacionais em que atua, nas aulas de ioga, nos livros e nas entrevistas uma mesma mulher apaixonada não só por comunicação, mas pela vida.

Norma Alcântara

Jornalista, pós-graduada em gestão estratégica da comunicação e relações públicas, sócia-fundadora da Voice Comunicação Institucional, é coautora dos livros *A Fonte Pergunta*, *Imprensa na Berlinda*, *Manual Básico do Candidato* e uma das organizadoras do livro *Relações, Assessorias & Redações*.

Sumário

Introdução, 1
Comunicação mais que Fundamental: Vida, 4
Identidade Visual Corporativa, Nestlé, 7
A comunicação Invisível, Imprescindível, Imperdível..., 9
Carta Compromisso Gerencial. Blue Tree Hotels, 11
O Sonho, a Visão, o Negócio e a Comunicação, 14
Manual de Tematização. Accor Hospitality, 16
Branding. Construindo Marcas Fortes, 19
Exposição de Arte. Projeto de Consultoria, 22
Cultura Organizacional, 24
Política de Fontes Blue Tree Hotels, 27
Quem é por Fim o Público-alvo da Organização?, 29
Feiras Agropecuárias. Secretaria de Estado da Agricultura, 32
O Passo-a-passo na Construção de Marcas, 34
Prêmio Nacional de Turismo. Projeto de Consultoria, 37
O Orçamento, as Diretrizes, as Expectativas da Comunicação, 39
Vila de Moradores – CBMM Cia Brasileira de Metalurgia
    e Mineração, 42
A Comunicação Global, de Massa, Dirigida ou Digital?, 44
Recepção a Delegações Internacionais. CBMM, 47
As Novas Possibilidades de Comunicação, 49
Inauguração. Accor Hospitality, 51
Mas Afinal, Onde Termina a Comunicação e Começa o Marketing?, 53
Parcerias e Alianças Estratégicas. Accor Hospitality, 56

A Questão da Sustentabilidade, 58

Projeto de Fidelização de Investidores. Blue Tree Hotels, 61

Planejando a Comunicação Estratégica, 63

Contrato de Negócios. Aliança Estratégica. Accor Hospitality, 65

Administrando Crises – Uma Atividade que Envolve Comunicação, 67

Abertura de Hotéis. Accor Hospitality, 71

A Criatividade Infinita do Brasileiro, 73

Expo-South América. Accor Hospitality, 75

O Papel do Profissional de Comunicação, 76

Jornal Técnico. Phillips Teleinformática, 79

O Relacionamento com Parceiros e Fornecedores, 82

Cartão Fidelidade Club Dolfi, Accor Hospitality, 84

As Ferramentas mais Usadas na Comunicação Corporativa, 85

Criação de Brindes mais que Especiais. CBMM, 90

O Negócio da Comunicação, 92

Manualização da Publicidade. Blue Tree Hotels, 95

O Círculo da Comunicação Conceitual, 97

Marcas Correlatas, Blue Tree Hotels, 100

Tudo o que é Circular Aproxima, faz Sentido, 102

Contaminação de Alimentos, Nestlé, 105

A Comunicação da sua Organização está Redonda?, 107

Implantação do Centro de Pesquisa e Documentação Histórica, Nestlé, 110

As Atividades da Comunicação Corporativa, 112

Um Hotel Posicionado para o Público Adulto. Projeto de Consultoria, 116

Conclusão, 118

Bibliografia, 120

Anexos, 121

Introdução

A proposta deste livro é contribuir para os negócios e a comunicação e, mais, ajudar a profissionais, estudantes e empresários a compreender – o que está por trás – como funciona a comunicação corporativa e o quanto ela pode impactar positivamente os resultados.

Visa ampliar o olhar para a real contribuição da comunicação que parte de um conceito forte, da total compreensão da estratégia traçada para a empresa, a marca. Daí, a necessidade do entendimento global do negócio, do diagnóstico correto da comunicação, do saber maximizar o orçamento destinado à área e da aplicação de suas ferramentas de forma efetiva.

É a partir do cruzamento dessas informações – comunicação aplicada, faturamento – potencial de crescimento – visão de futuro – possibilidades de alianças – posicionamento almejado – e dados de mercado como – análise da concorrência – imagem e reputação de marca – que se pode caminhar, traçar o planejamento de curto, médio e longo prazos.

A comunicação é mesmo uma área estratégica e só terá alcance se os profissionais responsáveis por sua gestão – possuírem a noção exata da importância que têm.

Trata também da questão do relacionamento, do compreender o comportamento humano – expectativas, necessidades e tendências de mercado. Fala de negócio.

No mundo empresarial essas questões são a base. Não há possibilidade de estabelecer qualquer relação sem comunicação. O diálogo é a forma de fazer-se conhecer. Transformar.

Uma coisa leva a outra – comunicação saudável + relação saudável = organização saudável. E, pensando nisso, unindo, de algum modo, ambos – comunicação e relacionamento – reuni neste livro questões que reforçam a importância dessa equação cujo resultado encontraremos no mercado.

NEGÓCIO & COMUNICAÇÃO apresenta informações sobre a área, o perfil do gestor, as atividades e uma descoberta: como transformar tudo isso em mais resultados na hora de interagir e se relacionar com acionistas, clientes, consumidores, funcionários, intermediários, fornecedores, parceiros etc.

E deixa claro o que a comunicação pode fazer pelo negócio a partir da conceituação da marca ou produto.

Detalha os grandes desafios da área e a importância do comunicólogo em saber se comunicar, saber relacionar-se: promover o relacionamento dentro da organização e desta com o mercado – liderar transformações, posicionamento.

Traz à tona a comunicação que traduz conceitos e apresenta uma nova ferramenta que pode contribuir para diagnosticar a comunicação no seu negócio – o CÍRCULO DE DIAGNÓSTICO DA COMUNICAÇÃO.

Para complementar, intercala as informações da área com cases que ilustram a relevância, ou melhor, a abrangência da comunicação em contribuição às ações de *marketing*, vendas, operações etc.

Aborda, por fim, o efetivo impacto da comunicação na construção da imagem, da reputação e percepção da marca com ênfase em estratégias de posicionamento e lançamento de produto ou serviços.

Fazer viver a comunicação não é tarefa fácil, nem tão pouco menor, pois trata do estabelecimento de relações humanas. E, se o humano é o que conta, a questão do conceito, de tudo que traz personalidade e *uniqueness* não pode ficar em segundo plano.

Para toda comunicação efetiva existe por traz um conceito forte e estruturado. E, com ele, a possibilidade de tratar da essência, do âmago, de tudo o que conta no negócio e de como – comunicar isso para os mais diferentes segmentos de público – de forma planejada, organizada e orquestrada juntamente com as demais áreas e os gestores da organização.

Acredito que só podemos dar o próximo passo – quando sabemos exatamente onde estamos e, é claro – para onde queremos ir, onde vamos querer estar no futuro – a inspiração que nos faz mover. E isso vale para tudo o que formos fazer em termos de relacionamento e comunicação. Espero por isso deixar aqui minha parcela de entendimento para viabilizar a comunicação nas organizações ao esclarecer alguns pontos e facilitar o "onde estamos". Isso irá impactar nos resultados do negócio como um todo.

Boa leitura.

Comunicação mais que Fundamental: Vida

A comunicação verbal ou não verbal demanda um emissor, um receptor, uma mensagem, um canal (para fazer com que essa mesma mensagem seja recebida pelo outro), a realimentação ou a resposta e o meio onde tudo isso acontece: o cenário.

E, embora possa parecer simples este sistema, os ruídos* gerados pela interpretação e compreensão com base nas referências únicas do ser – comprometem todo o processo!

Nós, seres humanos, complexos e imperfeitos nos comunicamos todo o tempo com base na nossa referência. E nos expressamos da mesma maneira, seja pela arte, pela música, pela dança, pela literatura, seja por simplesmente existirmos. Está tudo conectado com a forma como aprendemos a lidar conosco, com o outro e com o meio.

Comunicação é por tudo isso o alicerce do intercâmbio de conhecimento, da troca de referências, das possibilidades de amadurecimento e evolução do ser – ela aparece na forma como andamos, falamos, nos vestimos, interagimos ou não à sociedade. Ela é con-

---

*Ruídos na comunicação – entendo que esse é mesmo o grande desafio de qualquer comunicador. Fazer com que o que está sendo falado – tenha eco, seja percebido como verdadeiro... Agora, vamos a uma simples visita à fábrica. Tudo pronto, tudo preparado, você com um grupo de visitantes enaltecendo a cultura da organização, a força da administração circular, a modernidade, a transparência, a sustentabilidade – as relações etc. etc. A forma como cada colaborador compreende e se compromete com a cultura da organização: o paraíso! Tudo lindo! Até que você e seu convidado são surpreendidos com um dos diretores da organização aos berros com um grupo de funcionários que não havia entendido o conceito!!!! Problema na certa!!!! Seu visitante sempre ficará dividido entre o que está sendo falado e o que de fato está acontecendo – Discurso, Promessa x Atitude, Percepção... Ruídos – são eles os grandes vilões da comunicação...

cebida a partir da percepção do outro e, nesse caso, vale ressaltar-se, é percebido, é real – PERCEPÇÃO É IGUAL À VERDADE.

No campo empresarial ela pode ser traduzida de diferentes formas a exemplo do relacionamento interpessoal, da disseminação ou difusão da informação, da publicidade, das relações públicas, do jornalismo, do *design*, da mídia social, das ações de *marketing* etc.

A comunicação pode ser global, regional, local, dirigida, de massa, digital – ou, simplesmente, consolidada a partir de percepções, experiências geradas da experimentação de um produto ou serviço ou, ainda, de forma informal de um indivíduo a outro. Um processo que inclui a troca e o crescimento mútuo.

Analisando tudo isso, fica fácil entender que a comunicação é fundamental. Faz parte da vida e, como não poderia deixar de ser, do mundo organizacional sistêmico e cada vez mais vivo e orgânico. O que acontece é que por vezes – e talvez até mesmo por ser parte – não recebe a atenção e cuidado que merece.

A COMUNICAÇÃO É FUNDAMENTAL. A ÚNICA FORMA DE EXISTIRMOS. IDÊNTICA NA VIDA PESSOAL OU NAS ORGANIZAÇÕES.

As possibilidades de comunicação dentro de uma organização são imensas. As oportunidades podem ser incrementadas face ao nível de sofisticação da tecnologia, ao montante de recursos disponíveis e à dimensão da marca.

O que conta de fato é a forma de fazer-se presente, real, possível. A comunicação é inclusiva. Acende os sentidos, nos faz querer pertencer, experimentar, aderir. E, se impacta os homens – os faz existir ou não – imaginem seu poder com uma marca, um produto, uma organização.

E o como, onde, quando e por que a comunicação será estruturada depende de cada organização, marca ou produto. O importante mesmo é saber que é essa a única maneira de estabelecer os vínculos desejados.

Comunicar é, nesse sentido, dar vida. E, para tanto, mais do que emissor, receptor, mensagem, *feedback* ou realimentação e meio – na comunicação – precisamos definir muito bem a adequação da mensagem ao perfil de público. Ou seja, qual o *target*? Para sermos efetivos é preciso falar corretamente – contar a história certa – no lugar, hora e tempo certos para a pessoa certa – ou seja, harmonizar o equilíbrio entre razão, emoção e sensibilidade...

Comunicar-se é fazer ARTE – enquanto forma de expressão. Caberá sempre a cada gestor definir a linguagem de maior impacto, de melhor visibilidade e poder de sedução para que o conceito proposto seja assimilado, o público impactado e os resultados mensurados.

Identidade Visual Corporativa, Nestlé

Histórico – A Nestlé na década de 80 estava perto de completar seus 70 anos no Brasil e, desde muito – era líder no setor de alimentício no mercado. Respeitada pelo trinômio confiança, qualidade e tradição – possuía uma gama de mais de 400 produtos em diferentes segmentos. Nesta ocasião, a matriz havia lançado na Suíça, sede mundial da organização, um novo Manual de Identidade Corporativa. Desde sua fundação, em 1866, esse era o quarto estudo da marca com a aplicação do logotipo com o símbolo do ninho e da palavra Nestlé – especificamente para a marca *umbrela*. Nesse novo material, mais elegância e modernidade foram acrescidas ao logo – agora em *out-line* e, contextualizados pelo NINHO COM PÁSSAROS, tradução do nome do criador da Farinha Láctea, Henri Nestlé. A aplicação da nova marca deveria ser usada como endosso e incorporar todas as embalagens de produtos e materiais da comunicação corporativa. Uma nova cor especial foi escolhida – o cinza – pois, além da sobriedade, era capaz de conviver com todas as demais marcas "coloridas" dos produtos sem se chocar e a todas abraçar. Por ser uma cor neutra, ao mesmo tempo em que chamava atenção para a comunicação da corporação trazia um ar de solidez e modernidade para a família de produtos que se queria endossar. Era perfeita para a arquitetura da marca – na qual – uma marca-mãe assinava por todas as demais – dava a estas um sobrenome de peso.

Desafio – Implantação da nova logotipia e da nova identidade visual Nestlé corporativa no Brasil. No nosso mercado, as cores do chocolate Nestlé – vermelho – vinham sendo aplicadas também para a sinalização corporativa e materiais institucionais, o que criava uma falsa identidade com um só produto – a empresa, afinal, atuava em outros segmentos – leites, culinários, alimentos infantis, biscoitos, chocolates, sorvetes, refrigerados, supergelados etc. Enfim, quando cheguei esse foi um dos meus desafios. O mais interessante é que embora já em implantação no mercado europeu – no Brasil – o

Manual era guardado a sete chaves – ou seja, as novas regras, os novos estudos e todo o racional criativo não estavam disponíveis para implantação.

Solução – Sensibilizar todo o corpo diretivo da importância do alinhamento global e disseminar por toda a empresa e para parceiros estratégicos essa nova determinação da matriz. Lançar mão de um amplo programa de comunicação interna e conscientização dos gerentes dos demais produtos para a relevância do endosso. Aproveitar a oportunidade para renovar toda a sinalização e a comunicação da empresa no mercado brasileiro.

Desenvolvimento – Na ocasião o melhor a fazer foi – primeiro – avaliar o impacto da mudança – em termos de investimentos e, é claro, de imagem, segundo, traduzir e adequar o material ao nosso mercado foi consequência. Depois de tudo validado, ficou fácil priorizar as ações para mudança e divulgar em detalhes o novo Manual de Identidade Corporativa que apresentava as novas regras da comunicação corporativa. Essas cópias foram distribuídas para todos os diretores e gerentes, bem como para fornecedores e parceiros que aplicavam a marca corporativa. Paralelamente a essas medidas – foi revista – a sinalização de todos os prédios e fábricas da empresa, bem como folhetos corporativos, vídeos institucionais, mudanças nas embalagens e outros. Para todo o processo foi estabelecido um prazo de implantação e adequação das novas diretrizes da comunicação – com acompanhamento da área pelo período de um ano. Tudo para garantir a aplicação correta das novas cores e padrão visual e permitir a organização estar em linha com a sede.

Resultados – Antes mesmo de se completar o período estipulado havíamos feito uma varredura em toda a comunicação da empresa e conseguimos, em tempo recorde, adequar às regras internacionais para o mercado nacional. O envolvimento de todo o pessoal foi fundamental para esse passo. Desde então, a marca em *outline* com o ninho e a palavra Nestlé na cor cinza – passou a ser adotada em *stands* corporativos, uniformes, folheteria, papelaria, sinalização, embalagens etc. etc. Em uma ação orquestrada conseguimos dissociar marca de produto e marca corporativa dando a esta mais prestígio e força – inclusive para o endosso das diferentes famílias de produtos. Ao mesmo tempo, agregamos à marca novos atributos – voltados à inovação e globalização. A família de produtos Nestlé – ganhou com isso novos atributos de marca, como cuidado e responsabilidade – ou seja – mais valor!

A Comunicação Invisível, Imprescindível, Imperdível...

A comunicação que ninguém vê é aquela que é externada por um simples aperto de mãos entre um funcionário e um fornecedor quando um bom negócio está fechado e o clima interno é aprazível. É o sorriso sincero no acolhimento ao cliente, o cuidado que se tem com o outro e o uso da empatia ao projetar ou produzir algo – voltado exatamente – para o que o cliente precisa e muitas vezes nem sabe disso.

A comunicação é em si repleta de símbolos* que são inerentes à organização, à marca, ao serviço ou ao produto. A comunicação acontece em tudo, todo o tempo – nos gestos, no tom de voz, na postura, no que é dito e no que não é dito, no silêncio, no saber ouvir, nos impressos, na publicidade, nas embalagens, nos uniformes, na sinalização, na escolha dos parceiros, na sustentabilidade aplicável e assim por diante. Ela é intrínseca ao negócio e a tudo o que toca o cliente. Reforça o conceito preestabelecido e traz luz a temas, como personalidade, estilo e posicionamento de marca. Define a palavra mágica que projeta para o mercado o que resume a organi-

---

*Símbolos... Toda comunicação é feita de símbolos. E isso vale para nós seres humanos e também para organizações. Quando escolhemos aquele melhor vestido ou terno para um encontro, uma visita importante, ou mudamos o cabelo para parecer mais modernos, mais fashion, estamos trabalhando com essa mesma linguagem. São esses símbolos – os referenciais de status – que nos fazem mais ou menos poderosos se, é claro – além da imagem – o que estiver dentro fizer sentido. É verdade que mais do que o lançar mão dessa estratégia – vamos precisar ter coerência, ou seja, honrar nossa "promessa". Então imagine esse ser todo-poderoso – entrando em um mega restaurante e, descuidado, palitando seus dentes no final do almoço!!!! Uuuuhhhhgggh!!!! E essa falta de fechamento também ocorre nas organizações. Frustra a todos: clientes, colaboradores, investidores... Quando prometemos algo – usamos símbolos específicos em nossa comunicação e toda vez que não conseguimos atuar com consistência, entregar a promessa – está tudo acabado... A confusão de imagem que vamos promover será muito maior do que aquela que queremos projetar...

zação de seus produtos e serviços – exemplo: inovação, tecnologia, modernidade, funcionalidade, carinho, respeito, responsabilidade, sustentabilidade, diversão, entretenimento, acolhimento, serviço, sorriso, alma, personalidade, DNA, cuidado etc. etc.

A COMUNICAÇÃO ESTÁ EM TUDO O QUE TEM VIDA. É ORGÂNICA. DINÂMICA. SIMULTÂNEA. PURO MOVIMENTO.

É claro que, para que tudo isso se torne a realidade da marca, toda organização deve encontrar tom e conceito certos, até porque a imagem de fato – está sendo construída na cabeça do consumidor – enquanto tudo isso acontece. Ou seja, uma forma de embalar o que é invisível e visível dentro de um direcionamento consistente para o segmento que se quer atingir. Respirar *brand equity* ainda faz toda a diferença.

E, para tanto, o gestor de comunicação deve apontar as ferramentas e a estratégia em consonância com o negócio. E, dessa forma, definir políticas e diretrizes eficazes para estabelecer os alicerces que transformarão pó em ouro. De forma ética, transparente, objetiva e eficaz a área precisará de espaço e credibilidade para desenvolver seu trabalho. Esta é uma das áreas vitais das organizações sejam de que porte for. A comunicação é a base e deve ser encarada com seriedade e respeito.

Há muito que ser falado e aprendido sobre esse tema e exemplos não faltam. As supermarcas – sejam elas – gigantes como Coca-Cola ou iniciantes como a Gol – têm algo em comum. Uma preocupação constante com a coerência, a consistência e a eficácia – o correto equilíbrio entre discurso e ação. São marcas que prometem, cumprem e se relacionam com seus públicos de forma continuada e consistente – gerando confiabilidade. Estão voltadas para o mercado, para o consumidor e vem para oferecer algo a mais – que encanta, seduz, conquista e gera lealdade durante sua trajetória.

Carta Compromisso Gerencial, Blue Tree Hotels

Histórico – A Blue Tree Hotels, a rede de hotéis número um em serviços, desde seu lançamento, reforçou na sua comunicação uma cultura forte, estruturada e entremeada por características da cultura oriental. Influência extremamente positiva de sua fundadora, Chieko Aoki, que conseguiu emprestar para a marca elegância, personalidade e um toque oriental que a todos encanta. Com isso, a empresa, que é percebida pela excelência em serviços, sempre se destacou no mercado por possuir um grupo de colaboradores que tão bem traduziam a cultura da organização e sua forma de acolher, o que trouxe para a marca um posicionamento inconfundível.

Desafio – Unificar o discurso dos Gerentes Gerais e formar multiplicadores da cultura Blue Tree Hotels. A proposta se iniciava com um amplo processo de reciclagem e formação, de modo a atualizar os gestores com relação à cultura da organização, à importância do DNA da marca, à humildade no servir, ao gostar de gente etc. Tudo que deveria ser estendido aos demais colaboradores a partir de então.

Solução – Apresentar a todo corpo diretivo – durante o Encontro Gerencial – a Carta Compromisso Blue Tree Hotels. Essa carta – mais do que missão, valores e visão do negócio – apresentava de forma conceitual quinze posturas que se esperava de cada colaborador da rede e reforçava também a importância que deveria ser dada ao CLIENTE – numa visão ampliada. Ou seja – CLIENTE a partir de então seria: colaborador, acionista, investidor, parceiro, formador de opinião ou hóspede. E mais, abordava os temas: estilo, comportamento, atitude e de todas as qualidades que um dirigente da rede deveria desenvolver na "arte de acolher", tratava de perfil profissional x modelo de negócio. Essa carta foi consensada e assinada por todos e, depois, disseminada aos demais colaboradores a partir dos encontros entre chefias nas unidades, ao longo de pelo menos um ano, para que todos pudessem assimilar o conceito.

Desenvolvimento – Em conjunto com a presidência levantamos todos os processos e procedimentos da rede e, mais, analisamos o que deveria se destacar na postura de um colaborador Blue Tree Hotels. Na sequência definimos a carta como o instrumento ideal para mobilizar a todos numa única identidade no servir. Esse documento deveria conter a preocupação do resgate da cultura, as boas práticas, a busca pela perfeição e incluir – o melhor das duas culturas – ocidente e oriente. Em conjunto com Recursos Humanos fizemos também um balanço do que já havia sido passado para esses colaboradores e, assim, chegamos ao documento final com os temas de base e, outros pontos que colocariam os serviços da rede em um patamar ainda mais elevado.

Resultado – A partir da formatação e da divulgação da CARTA COMPROMISSO GERENCIAL, que passou a reger a postura de cada um dos Gerentes da Rede, a cultura do acolhimento se fortaleceu. Alguns dos trechos da CARTA que pode bem – passar a profundidade da ação – segue abaixo. Esse material continuou durante muito tempo como fonte de consulta para outros programas de formação e integração nos hotéis da rede que reforça a arte das possibilidades – tudo para encantar e fazer com que cada cliente permaneça leal e deixe cada um dos hotéis Blue Tree tocado, encantado. Esse é ainda hoje – um dos pontos que permitem à rede manter em seus números-chave o alto percentual de lealdade de seus clientes. Na Blue Tree Hotels, mais de 20% do seu público é comprometido com a marca – ponto de extrema relevância para uma rede hoteleira. Nesse segmento o boca a boca faz parte do sucesso.

CARTA COMPROMISSO GERENCIAL

"Eu assumo junto ao meu cliente a responsabilidade de obter a melhor rentabilidade e a constante valorização deste empreendimento, zelando por sua manutenção e atualização. Tenho comigo a crença nos valores éticos, na honestidade, seriedade e integridade nas relações...

Na Blue Tree Hotels sou o anfitrião que gosta de pessoas e estou preparado para acolher. Aqui, como em minha casa, o cliente é sempre meu convidado para uma estada feliz, prazerosa e encantadora. Estou presente onde o cliente está, sou um Walking General Manager atento aos desejos e expectativas do cliente.

Eu me orgulho de oferecer para o meu cliente a perfeição...

Eu faço o máximo para ser um líder que estimula e investe no desenvolvimento da equipe em seu compromisso como profissionalismo...

No meu dia a dia exercito a sensibilidade. É essa a qualidade que me possibilita a atenção ao detalhe e a oferecer ao cliente a melhor hospitalidade...

Reconheço os preceitos do Turismo Sustentável com base no desenvolvimento, e em cada tomada de decisão levo em conta o desenvolvimento social, a diversidade cultural e o resgate da história, a preservação da biodiversidade e o crescimento econômico..."

O Sonho, a Visão, o Negócio e a Comunicação

A comunicação é orientada para o negócio e, por isso – é especial, única, sob medida para contribuir e fazer viver o sonho.

E, muito além do sonho, da visão, do negócio, está a organização de seus produtos e marcas. É esse conjunto que inclui qualidade, confiabilidade, postura, ética e o saber fazer que seja percebido pelo cliente. E, se é percebido – lembrem – É VERDADEIRO.

E nada melhor do que os gestores do negócio em conjunto com os gestores da comunicação para avaliar as propostas da área e saber se o que está sendo proposto o ajudará ou não a reforçar os diferenciais criados para conceituar marca, produto ou serviço oferecidos.

Para ficar mais claro, o conceito, o ideal, o sonho, os valores e a velocidade com que tudo deve ser alterado para garantir o sucesso e o melhor desempenho da organização são de orientação dos gestores do negócio. São eles os que conhecem as formas de como enfrentar o futuro, os desafios e as oportunidades que estão por vir. São eles os visionários que possuem a capacidade de desenhar seu negócio de forma sólida, possível e equilibrada. O conhecimento e a análise destes pontos, a forma, a técnica e as propostas para que tudo saia a contento na comunicação são do gestor da comunicação, é dele a maior parcela de responsabilidade pelas ações de construção da imagem e manutenção da reputação do negócio. É óbvio que posto isso é preciso deixar claro a importância do olhar para o mercado. Para as oportunidades e ameaças frente à concorrência. As forças e fraqueza do negócio – as ferramentas disponíveis. E ampliando ainda mais o olhar é preciso manter todo o corpo diretivo atualizado, em sintonia com o que há de melhor nesse nosso mundo que é global. Esses cuidados devem fazer parte de todo o contexto. Sem visão, sem análise de dados, sem informação – não há como traçar qualquer estratégia vencedora.

COMUNICAÇÃO É UMA ÁREA TÉCNICA E PRECISA SER ORQUESTRADA DE ACORDO COM AS NECESSIDADES DO NEGÓCIO. DEPENDE DE DADOS, DE PESQUISA, DE INFORMAÇÃO.

E, pensando dessa forma, é imensa a responsabilidade da área de comunicação para projetar e orientar a empresa nos caminhos a seguir. É preciso também uma visão clara do mercado e do setor em que se atua. É só a partir da análise de todas as informações do negócio e do mercado, como pesquisas de imagem e clima, motivação de compra, perfil do cliente, faturamento, imagem do produto, tecnologia aplicada, público-alvo, perspectivas futuras, política ambiental, relações com a comunidade, com investidores, diferenciais frente à concorrência, segmentação etc. etc., que se pode traçar um planejamento de médio e longo prazos. Agir e sugerir de forma consciente, consistente e efetiva ainda é a melhor estratégia para que a comunicação agregue mais valor.

Por isso, compreender e se especializar nas ferramentas e novidades da área juntamente com um mergulho no negócio e no segmento em que atua é fundamental. Desenhar por isso as premissas que irão nortear o planejamento de curto, médio e longo prazos – ideal!

A comunicação é parte do negócio e seus gestores devem fazer parte do direcionamento deste sucesso. A comunicação integra fortemente as organizações que buscam a excelência.

Organizações, marcas e produtos fortes possuem imagem forte, reputação intocada. Promovem o crescimento, valorizam a qualidade de vida, a responsabilidade, dão bons resultados, se atualizam ao longo de sua trajetória. Elas possuem cultura própria, identidade única embasada em um algo mais que vai ao encontro de sua razão de existir – ou seja, um conceito sustentável.

O dono do negócio, o investidor, o empreendedor... Caberá a este "ser" saber dar às diretrizes, o norte, a visão do negócio – depois – soltar para que tudo, dentro do que foi proposto se desenvolva. E, nesse sentido, imaginem a construção de uma casa. Há é claro todos os personagens em ação – o dono, o investidor, o engenheiro, o arquiteto, o mestre-de-obras, os pedreiros, os ajudantes etc. etc. Um mundo em um terreno – prontos para fazer o sonho se tornar realidade... Agora o que acontece quando o arquiteto – começa a frequentar o local e iniciar uma série de pequenas mudanças – que nem sempre estão alinhadas com os engenheiros... E mais, vamos pensar em uma obra pequena na qual o próprio mestre-de-obras bastante "criativo" decide também mudar uma ou outra coisinha... O que acontecerá?! Será mesmo que o sonho será possível!? Qual o risco que o investidor corre!? É o mesmo com a comunicação empresarial... Não há como deixar essa área que é fundamental atuar de forma informal, sem planejamento, sem orçamento, sem técnica... É preciso que tudo seja feito dentro do conceito, da estratégia do negócio – do que foi previamente planejado, dos alicerces, da base e da promessa projetada... Mudanças de direção são sempre bem-vindas – mas demandam reflexão – sempre estratégica...

MANUAL DE TEMATIZAÇÃO, Accor Hospitality

Histórico – A Accor Hotels é a maior operadora de hotéis e *resorts* da América Latina e oferece a seus clientes hotéis em todas as categorias – dos hotéis de luxo, passando pelo *midscale*, econômicos e supereconômicos. Uma empresa totalmente focada no cliente oferece em seu portfólio excelentes hotéis voltados para o viajante a negócios e a lazer. Uma rede global – possui mais de 4.000 hotéis em todos os continentes. Na América Latina – atua com as redes Sofitel, Novotel, Mercure, Ibis e Formule 1 – cada uma posicionada para um segmento específico. Accor possui uma arquitetura de marcas totalmente organizada e focada nas necessidades e nas expectativas do cliente – nas áreas de hospitalidade, serviços e gastronomia. Ou seja, uma operadora completa com *expertise* internacional.

Desafio – Lançar no mercado uma nova marca dentro do segmento *midscale*, o mais concorrido dentro da hotelaria: a marca MERCURE HOTELS. E conseguir para a nova marca – um posicionamento *Premium* dentro do segmento, tornando-a líder em excelência e serviços hoteleiros. Encontrar para a MERCURE HOTELS uma posição de liderança no mercado – adaptando o que a matriz desenvolvia muito bem e que era a tematização da rede – mais que um *plus* no serviço, uma forma inovadora de acolher e fidelizar. É importante ressaltar que nesse segmento a competição é extremamente agressiva e que existem nichos específicos para cada tipo de oferta. Por isso, definir a tematização como um dos pontos de posicionamento – uma estratégia acertada e inovadora.

Solução – Implementar no Brasil – em todos os hotéis da rede – o Programa Chaves da Cidade em conjunto com a tematização dos hotéis da rede.

Desenvolvimento – Para o desenvolvimento do Programa *Chaves da Cidade* – que deveria dar ao hóspede a sensação de ser um morador da região – todos os gerentes gerais foram convidados a participar de um *workshop* voltado à arte de acolher, à paixão por hotelaria. Nesse encontro puderam compreender em detalhes a proposta do novo formato de acolhimento e, ainda, receber ferramentas para traduzir em sua região – a melhor forma de tornar cada cliente – um cliente único, detentor de todas as chaves da cidade. Esse trabalho levou em conta – o orgulho de pertencer e de redescobrir o entorno onde cada hotel da rede estava instalado – o que havia de melhor por ali. O que era afinal imperdível para o cliente – do ponto de vista do morador.

Como material de suporte – foi desenvolvido um fichário para o *lobby* dos hotéis – com um resumo dessa pesquisa o que facilitaria o acesso às atrações regionais. E, além disso, em cada apartamento, foi destacado o ramal telefônico – *Chaves da Cidade* com a pergunta: QUER UMA DICA IMPERDÍVEL?

O cliente interessado ligava para o ramal definido – o mesmo número para qualquer hotel da rede – e, imediatamente era atendido pela recepção que lhe passava dicas e informações sobre o que era absolutamente recomendável conhecer na região. Essas dicas faziam parte do roteiro do Programa e contribuíram para a formação de colaboradores enquanto hoteleiros. Ao pesquisar e encontrar os lugares imperdíveis eles também podiam degustar e conhecer cada uma das atrações selecionadas para o *roll* das atrações IMPERDÍVEIS na programação do hotel. E, para complementar ainda mais esse resgate, até a integração por tudo o que é regional – foram também desenvolvidos em cada unidade – Outros *Workshops* de Tematização. Neles – participaram ativamente gerentes e colaboradores – para que em conjunto – discutissem e avaliassem o tema a ser adotado no hotel ou em alguma de suas instalações, como restaurante, bar, *lobby* etc. A meta era escolher em conjunto uma sugestão plausível de ser implantada no empreendimento nos meses subsequentes – isto é, um tema regional, lúdico, ou conceitual. Como material de apoio foi entregue a cada um deles – o MANUAL DE TEMATIZAÇÃO DA MARCA, desenvolvido pela área e adequado à cultura e à realidade brasileiras. Esse manual, mais do que enfatizar o diferencial que poderia ser criado com essa prática, trazia o passo a passo de como transformar o hotel ou parte dele em um espaço temático. Integrado à região que o recebia.

Resultados – O Programa *Chaves da Cidade* foi bastante divulgado e gerou uma positiva mídia espontânea. Além disso, muitos dos hotéis da rede que adotaram essa conceituação tornaram-se uma excelente opção para viajantes da rede – uma opção que gerava mais que hospitalidade – experiência. A questão da tematização – ao longo dos anos – foi sendo aplicada nas unidades de forma organizada e possível. Nas novas unidades – imediatamente antes da abertura do hotel; nos hotéis já em funcionamento – em cada renovação de área, em cada compra de uma peça decorativa ou funcional. A questão do tema – continua sendo trabalhada e é comprovado que hotéis contextualizados têm outro *approach* para com o cliente que busca experiências, sensações. Esse movimento – pioneiro da rede – a colocou em destaque no mercado e despertou a curiosidade para que outros clientes também se hospedassem em seus hotéis.

Exemplos de temas adotados na ocasião:
- *Mercure* Gramado – Festival de Cinema.
- *Mercure* Grand Hotel São Paulo – a cidade de São Paulo.
- *Mercure* Santo André – automobilismo.
- *Mercure* Jardins – o café no Brasil.

Branding – Construindo Marcas Fortes

A questão do *branding** pode mesmo parecer um luxo para muitas organizações – mas não é – principalmente quando o assunto é resultado efetivo. A marca é o principal ativo das organizações. Há no mercado inúmeras empresas especialistas em avaliação do valor de marca e, em muitas corporações – esse valor – chega a ser maior do que o próprio negócio... Em outros estudos – é clara a afirmação de que mais de 50% do valor de mercado de empresas estão no que é intangível – no que é marca... Ou seja, cria sim – influencia e impacta na demanda – constrói ou não lealdade, vínculo, relacionamento. É hoje – um dos pontos de avaliação de muitos gestores no mercado.

Afinal – produtos podem ser reproduzidos a todo o momento pela concorrência – marcas, no entanto – bem a conversa é outra – falamos de tudo o que não pode ser tocado e sim percebido – e construído fora da organização – na cabeça do consumidor... E ele irá incluir nisso todo tipo de contato com a organização ou marca – a qualidade do produto, a confiança que denota, a sustentabilidade do negó-

---

*Branding. *Em alguns segmentos fica fácil exemplificar – se quando perguntamos para um amigo – você voltou de férias? Para onde foi? E ele diz – Angra dos Reis, Araraquara, Búzios, Florianópolis, Caldas Novas, Sertãozinho, Fortaleza, Paris, Atlanta, New York, Sidney, Goiânia, Rio Quente, Disney, Lisboa etc. etc. Para cada um desses destinos vem na nossa mente uma imagem, uma ideia e um ENORME SINALIZADOR DE PRESTÍGIO, DESPRESTÍGIO ou INTERROGAÇÃO. Isso quer dizer que a marca – de cada um desses destinos – está ou não construída. Foi ou não formada na nossa cabeça. Resumindo – toda vez que vamos para um destino e temos de explicar para o outro ou outros – o que é aquele lugar – ou pior – quando temos de justificar a nossa ida com informações do tipo – não, o lugar melhorou, a cidade agora está mais atualizada, as pessoas mais educadas etc. etc. etc... Bingo – o destino não dá STATUS. Não agrega valor. Não os faz aspiracionais, desejados... Não os faz sonhos! E, para mudar tudo isso – vem o* branding *com um efetivo plano de ação que transforma, adéqua, constrói possibilidades... Tudo para gerar – conhecimento, consideração, preferência...*

cio, a solidez, a responsabilidade socioambiental, o respeito pelo ser humano, etc. etc. Ele irá fazer um balanço e analisar a marca – ou seja – o intangível – com tudo o que é tangível – POSTURA, ATITUDE, COERÊNCIA, CONSISTÊNCIA, POSICIONAMENTO... Algumas marcas já extrapolaram tudo isso e se tornaram ícones, são marcas como Rolex, Mercedez, Godiva, Victor Hugo, Coca-Cola, Nestlé etc. etc. Marcas que representam mais do que podemos imaginar – elas assinam, endossam, recomendam e atestam os produtos que consumimos ou queremos consumir ou interagir.

MARCAS INFLUENCIAM, OU MELHOR, IMPACTAM OS RESULTADOS – DEFINEM OS SEGMENTOS, A FORMA, OS CANAIS DE DISTRIBUIÇÃO E A COMUNICAÇÃO.

Por isso são muito complexas na sua forma de relacionar. Ativos que quando bem gerenciados podem se tornar perenes – objetos de sonho e de desejo.

E, nesse caso – serviços ou produtos – a percepção de valor é a mesma – passa sempre pelo subjetivo, pela projeção, pelos sinalizadores de prestígio e *status*. Ao comprarmos um carro novo sabemos exatamente como funciona... Se é – por exemplo – uma MERCEDEZ – ninguém, ninguém quer saber de que ano, de que cor, de que modelo – a marca em si – basta! Agora quando temos de começar a explicar que o carro é bom, que roda bem, que tem esse ou aquele benefício – de novo – a marca ainda não tem o valor que imaginamos no contexto geral – não se consolidou...

Bem, tudo isso – só para explicar a importância da construção e o posicionamento da marca e o que isso agrega em termos de resultados, de margem, de possibilidades. Então – a coisa toda funciona mais ou menos assim – você gostaria de ganhar de presente – CHOCOLATES ou JOIAS? Viagens ou Carros? Roupas ou Acessórios? Se colocarmos nessa escolha o fator marca – talvez possamos nos surpreender com a resposta. Entre um GODIVA e uma joia de 5ª categoria ou entre uma viagem a Londres e um carro fora de linha etc. etc. – a decisão fica fácil – escolhemos pela marca – por tudo o que ela representa em termos de imagem e reputação.

É dessa mesma forma que trabalha o BRANDING. Para organizar os atributos tangíveis e intangíveis do produto, marca ou serviço – resgatar sua história seu DNA – e, comunicá-la de forma correta. Vem para organizar e definir seu conceito e todas as diretrizes de aplicação que reforçam sua essência. Tudo, com um olhar de atenção e respeito para as necessidades e expectativas de seus consumidores *versus* a vocação do negócio.

Cuidar do *branding* é trazer alma para a organização. É criar valor. Estabelecer o apelo que se quer dar à comunicação da marca e, dessa forma – criar na cabeça do consumidor – desejo, expectativa, sonhos.

Trabalhar o *branding* é – necessário e essencial para as organizações. Os resultados são percebidos na gestão, na governança corporativa – no negócio como um todo. Esse é um investimento de longo prazo. Que ajuda a construir cultura e o que se quer alavancar para o negócio.

O resultado do estudo é validar o que cola e não cola na imagem, o que pode ou não impactar na reputação. Visa também trabalhar as forças e fraquezas – ameaças e oportunidades como algo a realmente ser conquistado em um planejamento de curto, médio e longo prazos. A gestão da marca é verdadeiramente o vetor da imagem que mais impacta no negócio – torna-o inspiracional... Por isso, cuidar da marca é estabelecer a cultura de marketing do negócio. Trata da estratégia competitiva, do ambiente, do posicionamento. Implica na comunicação e em tudo o que se quer construir a partir de um conceito preestabelecido. marcas possuem fronteiras, são direcionadas para um ou outro segmento, estão vinculadas e se fazem a partir dos sentidos, ou seja, de todos os pontos de contato com o cliente.

Exposição de Arte
Projeto de Consultoria

Histórico – A importância da arte popular na construção da história de um povo é fato e no Brasil não é diferente – ela acontece – nos mais remotos cantos do nosso país com a fluidez da musicalidade do nosso povo. Falar de arte popular brasileira é dessa maneira, falar da história de um povo caracterizado pela alegria, pela hospitalidade, por sua forma distinta de encontrar cor, formas, estética, em tudo o que faz. Um povo que trabalha e faz colorir o nosso país com sua sabedoria nata, sua arte singular. E, nesse contexto, valorizar a arte é também uma forma de resgatar nossa história. A arte faz-nos melhor. E, por isso, investir na sua disseminação é investir no nosso povo. No retratar um Brasil de raiz e de extrema importância para nosso desenvolvimento enquanto seres humanos.

Desafio – Organizar uma exposição de arte popular brasileira focada no público em geral, nos formadores de opinião, arquitetos, colecionadores etc. Uma exposição que pudesse abrir espaço para que mais brasileiros tivessem acesso a nossa história.

Solução – A proposta como um todo possuía como base a divulgação de uma seleção especial dos grandes artistas populares brasileiros. E, para esta mostra, objetivamos reunir até 100 peças de arte que promoveriam uma viagem pelo interior do Brasil Artístico. Acervos de artistas vivos, de diferentes colecionadores – diferentes estilos.

Desenvolvimento – Lançar o projeto com apelo cultural, ressaltando a contribuição da ação para a sensibilização do público-alvo com destaque para os artistas, sua obra e patrocinadores. E, para tanto, estavam previstos um trabalho excelente de curadoria e seleção dos talentos nacionais – convite aos artistas, definição do espaço e temática, possibilidade de parceiros, etc. etc. Para a divulgação – além da venda de ingressos antecipada e da festa de inauguração – um amplo trabalho de assessoria de imprensa, parcerias com portais específicos voltados para arte, criação do *site* e de ação de *e-mail*, *marketing* para potenciais visitantes. Organização de evento de inauguração com presença de artistas, autoridades, convidados *Vips*, arquitetos, decoradores, formadores de opinião e imprensa. E um forte trabalho voltado à mídia social visando – colocar em pauta – um Brasil diferente.

Resultado – Esse projeto mesmo depois de formatado acabou por não acontecer – em função de orçamento. Mas, os resultados esperados com a ação estavam focados na contribuição para a cultura brasileira, o ganho de imagem para os patrocinadores e o benefício para os artistas. A proposta possuía como subproduto a criação de um fundo de ajuda a esses artistas – por vezes anônimos. O projeto continua viável e à procura de apoio.

Durante toda a pesquisa o apoio da Galeria Braziliana e de seu fundador foram essenciais.

Cultura Organizacional

É impossível falar de comunicação corporativa – daquela que permeia todo o negócio – sem abordar o tema da cultura organizacional*. Ou seja, falar dos pontos que contam e que regem a organização como um todo. É ela, a cultura da organização que deve ser o pano de fundo, o fator determinante para o tom do discurso e a forma de trabalhar a comunicação da marca, do produto ou serviço. Sem esse conhecimento não é possível definir de forma clara qualquer política ou diretriz de comunicação. Não há como trabalhar a imagem de uma marca sem conhecer o negócio em profundidade. Não é possível tão pouco – aplicar em uma organização – o que foi

---

*Cultura organizacional. Para ficar claro o pensamento... Imaginem uma empresa como a COCA-COLA sem uma cultura forte. Provavelmente – hoje a garrafa já teria perdido sua forma, a cor da bebida poderia ter sido alterada, a marca desfigurada, ou seja, a comunicação poderia estar – completamente esfacelada e o patrimônio, a história, o diferencial do produto e marca perdidos... Os funcionários sem norte, os dirigentes sem saber qual o rumo tomar, qual orientação seguir... E provavelmente a marca já teria sido estendida para outros tantos segmentos – para os quais a organização provavelmente não teria perfil ou domínio... E não pensem que isso está muito longe da realidade de muitas empresas – que não a COCA-COLA é claro. Acabamos com a cultura de uma organização quando estamos desatentos, quando desrespeitamos sua cultura, seus limites, sua missão e trabalhamos a COMUNICAÇÃO simplesmente para sermos melhor ou iguais a concorrência – a velha estratégia ME TOO. Assim, nos perdemos, deixamos de saber para quem falamos, por que falamos, que história contamos... E, quanto mais tempo ficarmos nesse atalho, menor a probabilidade de recuperação dos valores e princípios dentro da desorganização implantada, menor a possibilidade de se destacar, encontrar unicidade, equidade de marca. A percepção do público, em consequência, se tornará mais confusa e menos crível... Ou seja, perderemos negócio. É importante deixar claro que – no outro extremo – não podemos tão pouco engessar uma organização, deixar de acompanhar o movimento de mercado. As empresas se reinventam e isso as mantém vivas. Mas até mesmo para esse passo é preciso ter coerência, cultura, organização, visão de mercado, visão do negócio e das oportunidades...

aplicado com sucesso em outra... As organizações são como indivíduos e, nesse sentido, ímpares... A comunicação, nesse cenário – é sempre sob medida. Traçada de acordo com quem mais entende do negócio – seus gestores. É preciso separar aqui a questão da vivência. A experiência na área contribui sobremaneira para que as decisões sejam mais acertadas e, então, sim, é possível tirar desse portfólio de vivências – algo que possa ser adaptado, ou melhor, adequado para a empresa em questão.

Esse é um aprendizado que somente adquirimos – estando no mercado – num mercado onde não há regras sobre o que dá certo ou errado. A comunicação que dá certo é aquela que cabe dentro do negócio, que agrega valor, transforma, impacta nos resultados. Atua de forma eficaz e desvenda no dia a dia o que funciona para aquela única organização.

COMUNICAÇÃO É A FORMA DE CONSTRUIR MARCAS FORTES, ORGANIZAÇÕES NOTÓRIAS, COLABORADORES, INVESTIDORES, ACIONISTAS E CLIENTES SATISFEITOS

Muito além da comunicação integral, da comunicação integrada, da comunicação 360°, da comunicação total – o que conta mesmo é a COMUNICAÇÃO QUE TEM COMO BASE UM CONCEITO SÓLIDO DE NEGÓCIO – e, está totalmente vinculada à missão da empresa, aos valores e atributos que esta possui, bem como, de seus produtos e serviços. Uma comunicação que está voltada para o mercado, focada no cliente. Ou seja, a comunicação que só acontece ao reforçar o CONCEITO da marca, do produto ou da organização e, dessa forma, contribuir para os resultados como um todo.

Trabalhar na integração dos recursos e na gestão das ferramentas de comunicação com um conceito forte, claro e muito bem definido potencializa sobremaneira as ações da área. Nesse contexto a estratégia se realizará com o foco do negócio e não da comunicação. Esta, não existe em si mesma e, sim, a favor de uma corporação.

A comunicação demanda conhecimento e cooperação. Espera por gestores que assimilem a crença, os valores e a cultura organizacional. E, isso está distante do fazer o melhor – é preciso fazer o melhor dentro do que tem significado para o negócio.

Construir imagem de marca pede tempo. Tempo de absorção de conceituação, de encontrar caminhos, de estruturar equipes e ações que possam ser absorvidas por todos os níveis da organização e, nesse sentido, facilitar a implantação de novos uniformes, de programas de treinamento, da criação de espera agradável, da sinalização dos edifícios, dos estudos de logomarca até as ações mais sofisticadas como gestão de marca, campanhas publicitárias, portal de Internet, programas de relações públicas, programas de responsabilidade socioambiental, formação e definição de porta-vozes e outras. Ações que poderão somar ou diminuir – construir ou fragmentar o conceito da marca – se não estiverem alinhadas.

Não é factível, por isso, dissociar a comunicação dos programas de reengenharia, daqueles outros da teoria do caos e de todos os demais programas de quebra e/ou revisão da cultura organizacional. Até porque alguém precisará ficar para reunir "os pedaços" e dar a eles um sentido, um norte, um direcionamento capaz de unificar a todos para um posicionamento que reflita UNICIDADE. E, então, definir qual será o apelo da comunicação – mais racional, mais emocional, mais espiritual, mais física, mais... Ficará possível.

Até aqui – parece-me – tudo bem! É possível compreender a importância da comunicação com base em um conceito preestabelecido dentro do negócio, os resultados decorrentes e seu impacto na maneira de como a organização e a reputação são percebidas por seus públicos. O que acontece na prática por vezes assusta. A preocupação dá espaço para o descaso, o improviso e o informalismo.

Política de Fontes, Blue Tree Hotels

Histórico – A Blue Tree Hotels é uma rede de hotéis conceitual e extremamente respeitada no mercado. Uma marca forte – traz consigo toda a elegância, estilo, personalidade e as demais características do feminino. Isso acontece, principalmente, em função de a marca estar totalmente vinculada à imagem da sua Presidente e Fundadora que emprestou seu nome para a marca. Aoki traduzido do japonês quer dizer Árvore Azul, ou seja, para a rede, este símbolo é ilustrado com as possibilidades. Tudo é possível se for para encantar o cliente. O cuidado, a atenção, o colocar alma e coração no que se faz – é parte do serviço e do *glamour* que traduzem a essência da marca. A Blue Tree Hotels em seus dez anos de trajetória se tornou um ícone na hotelaria e dentre todos os seus atributos – positivos – se humanizou.

Desafio – Ampliar o escopo que formaram a imagem da marca. Agregar a seu posicionamento atributos voltados à inovação, solidez, sustentabilidade e ética. Ou seja, a estratégia demandaria uma revisão completa na forma de a empresa se colocar – inclusive na sua política de fontes. Tornava-se necessário desenvolver novos porta-vozes, ampliar a base de contato com a imprensa e, dessa maneira, encontrar mais espaço em editorias técnicas, como logística, administração, finanças, ecologia, comportamento, RH, *Marketing* etc.; e em editorias regionais – em função de a distribuição dos hotéis da rede estar espalhada por mais de 20 cidades no Brasil e duas na Argentina. Por fim, o que se buscava era estender o mesmo prestígio encontrado nas editorias sociais, turismo e hotelaria em todas as oportunidades de comunicação.

Solução – Manter o vínculo da imagem presidência x marca, traduzido pelas características mais humanas já indexadas à imagem da rede e ampliar o foco, a imagem a partir de uma ação orquestrada com o incremento do leque de fontes internas disponíveis para imprensa. Tudo de forma a fortalecer seu posicionamento no mercado e trazer mais valor para a marca.

Desenvolvimento – Para que todo esse processo fosse possível algumas ações foram tomadas dentro da estratégia de marca, como a elaboração da Política de Fontes da Rede. Essa Política detalhava os níveis dos porta-vozes e o que cada um dos executivos da organização estava apto para depor ou comentar. A proposta era aumentar a base de fontes e dar mais respaldo às questões técnicas. Além da disseminação da política para todo o corpo diretivo – chegando até ao nível gerencial, foi organizado um MEDIA TRAINING para os Gerentes. E, como apoio – além dos *press kits* e *releases* foi desenvolvido um questionário com perguntas e respostas mais frequentes sobre a rede seus produtos e serviços. A esse documento foi anexado um relatório mensal contendo todos os números-chave já disponíveis para divulgação e organizado dentro da área de Comunicação – plantão 24 de suporte às fontes.

Para que todos estivessem alinhados – a área de Comunicação responsável pela coordenação da Assessoria de Imprensa que atendia o corporativo passou também a coordenar as dez outras Assessorias Regionais de suporte aos hotéis – dando unidade à comunicação e fortalecendo o posicionamento da rede.

A Política de Fontes tratava – entre outros pontos – da delimitação dos pronunciamentos e entrevistas x grau de hierarquia na organização. Exemplo – PRESIDÊNCIA – visão de negócio, futuro, serviços, tendências, internacionalização da marca, etc.; DIRETORES EXECUTIVOS – acompanhados sempre pela presidência abordavam questões que traduziam a forma como a rede operava no mercado – balanços, resultados, expansão etc.; COMUNICAÇÃO CORPORATIVA – divulgava informações de interesse da rede, colocava a marca em foco no que diz respeito a produtos, serviços, posicionamento, investimentos em renovação, novos produtos etc. FONTES TÉCNICAS – abordavam temas específicos sobre sua área de atuação. ÁREAS TÉCNICAS – com a orientação da Comunicação Corporativa tratavam de temas específicos como – Gestão, Centralização de Compras, Processos, Excelência em Serviços etc.

Resultados – Durante todo o período em que a Política foi validada a rede ampliou em mais de 30% sua participação na mídia e, o mais importante – tornou-se uma fonte respeitada e disponível para diferentes editorias. Como consequência, seus executivos ganharam mais destaque no mercado, o que contribuiu para sua formação e também para o reforço de imagem e reputação da marca.

Quem é por fim o Público-Alvo da Organização?

*P*úblico-Alvo* é todo aquele – indivíduo ou grupo – que mantém de alguma forma interface com a organização. É essencial, por isso, conhecer cada segmento do público-alvo para que os esforços da comunicação encontrem maior eco. O detalhamento de segmento por segmento, como faixa etária, sexo, renda, preferências, tribo, *clusters*, nichos etc. – são importantes pois dão "cara" a esse público e facilitam a projeção das ações e eventuais peças de comunicação. Ou seja, a linguagem, o formato, o conteúdo, o "jeitão" da comunicação – direcionada e customizada para cada público cria valor.

Além disso – aspectos de comportamento que possam apontar tendências e soluções para como tocar esses segmentos do público-alvo se tornam importantes ferramentas para qualquer gestor da área. Existem no mercado recursos de pesquisas especializadas na

---

Público-alvo. Para ficar fácil entender – basta trazermos esse critério para a vida cotidiana. Assim, público-alvo, sempre será aquele que queremos atingir de uma forma ou outra. Pode ser de maneira positiva, negativa, intensa, eficaz... Pode ser simplesmente para chamar sua atenção. Pensem! Praticamos isso todo o tempo!!!! Quando queremos convencer nosso amigo a nos acompanhar em uma peça de teatro; quando convencemos nosso companheiro a ficar com as crianças por uma noite; quando queremos que o porteiro deixe nosso amigo subir sem identificação; quando queremos a empatia do nosso chefe; quando queremos fazer com que nossa equipe esteja mais envolvida com nossos projetos; quando queremos ser atendidos prontamente – naquela consulta que marcamos..., enfim, para cada uma dessas situações um público-alvo, um objetivo, uma estratégia, um plano de ação, a prática e, por fim, o RESULTADO!!!! Tenham sempre em mente que – se é assim na vida pessoal, é assim também no mundo corporativo... Se qualquer um dos pontos não estiver de acordo ou se as ferramentas adotadas não forem as certas – tempo perdido... Então – não adianta mandar flores para o porteiro; nem um jantar à luz de velas para nosso amigo, muito menos um babador para nosso marido... Em termos de estratégia – é preciso que o olhar seja amplificado e, nesse sentido – quanto mais conhecermos o público-alvo – mais possibilidades de cumprirmos nossas metas...

compreensão do perfil do público, grau de satisfação, índices de recomendação, comportamento, motivação, tendências, tipo de vínculo estabelecido com a marca ou produto, fidelização etc. etc. Saber fazer uso dessas análises e implementar sistemas inteligentes de informação determinam uma estratégia vencedora.

Entender que o mundo não é pasteurizado, que as pessoas são únicas e que processam as informações segundo suas próprias referências traz mais valor quando o assunto é traçar um planejamento de comunicação e definir quais esforços devem ser direcionados para este ou aquele segmento de público. Essa especialização nos ajuda a compreender como "chegar" e como falar com cada um deles de forma efetiva. Por isso, e creio que seja essa a maneira mais correta de fazer comunicação, antes de qualquer medida – é importante ter muito claro – para quem estamos fazendo essa ou aquela ação? Para quem – vamos dirigir nossos esforços? Com quem afinal queremos falar!? Qual o nosso objetivo? Como essa ação se encaixa com as demais ações em curso ou que estão por vir!? E, mais – como mensurar se estamos ou não sendo efetivos para corrigir o processo, intensificar a dose...

Se conseguirmos responder a essas questões – ficará mais possível a criação de um planejamento de comunicação com a mensagem adequada a cada um dos segmentos do público-alvo e a garantia de melhores resultados, melhor custo/benefício.

COMUNICAR É UMA ARTE QUE DEMANDA CONHECIMENTO DO NEGÓCIO E DE SEUS PÚBLICOS-ALVO.

O público-alvo da comunicação abrange a todos os envolvidos nos processos da organização ou por ela impactados. Isto é os *stakeholders* – ou seja, a composição de diferentes interesses e organizações representadas por funcionários, acionistas, investidores, parceiros, fornecedores, imprensa, governo, entidades de classe, comunidade, cliente, consumidores etc.

Comunicação é realmente uma área abrangente e dentro de uma organização a área que mais interage com um universo rico e estratégico para a manutenção da imagem da organização, da marca ou produto. E para cada um desses segmentos há uma linguagem, uma forma de abordagem, uma possibilidade de relacionamento.

Estabelecer relações, por esta razão, faz parte da rotina de qualquer profissional de comunicação. É esta uma das atividades mais importantes da área e que impacta na construção da imagem e da reputação. Saber dosar, saber sintonizar e estabelecer vínculos é uma responsabilidade a ser compartilhada por todos – todos que de alguma forma – dentro da organização – interferem, por exemplo, na compra de matérias-primas, na produção, na operação, na divulgação, na pesquisa de mercado, na definição dos produtos, nos serviços ao consumidor, no RH etc. etc.

A comunicação é uma área técnica que isolada dentro da organização não funciona. A articulação com os pares é de suma importância para que floresça. Essa tarefa é realmente para aqueles que têm vocação. Que gostam do que fazem. Que – enquanto na organização – vivem e valorizam sua história, sua trajetória. Estão envolvidos com suas questões. São comprometidos com seus valores. Conhecem por fim o setor e estão antenados com os movimentos do mercado. Sabem – como se comunicar com cada um dos seus públicos-alvo – compreendem – que todos – dentro da sua esfera – formam opinião.

Feiras Agropecuárias, Secretaria de Estado da Agricultura

Histórico – No início da década de 80 coordenei a área de Relações Públicas e Informações da Secretaria Estadual da Agricultura em São Paulo e, dentre minhas atribuições, dava suporte na coordenação das Feiras Agropecuárias que aconteciam anualmente na capital. A Secretaria da Agricultura era a maior do Estado na ocasião e mantinha interface com todas as cidades do interior do Estado através das Casas de Agricultura e das extensões de atendimento ao homem do campo a partir de seus Institutos – Agrícola, Biológico, Florestal etc. Sem falar – em todo o trabalho da CEAGESP – um dos canais de distribuição dessa produção estadual. As Feiras eram as mais conhecidas no mercado e respeitadas por seu profissionalismo. Ali aconteciam leilões, seminários e uma programação totalmente voltada para o público técnico. Não havia qualquer possibilidade de fazer daquele um evento – digamos assim – social – embora houvesse um calendário extenso de Feiras – que aconteciam ao longo do ano e que em nenhum momento – se utilizava o espaço como oportunidade para falar um pouco mais sobre como o órgão – a maior Secretaria de Estado – contribuía para a agricultura.

Desafio – Modernizar e reposicionar as Feiras Agropecuárias desenvolvidas pela Secretaria e aproveitar esses eventos para também implementar uma ação institucional voltada a reforçar o posicionamento de compromisso da Secretaria para com o Estado e, é claro, junto a seu público-alvo.

Solução – Rever todo o formato da feira incluindo – criação de logomarca para o evento, modernização da papelaria, criação de evento de inauguração com a presença de convidados, imprensa e formadores de opinião, programação e eventos paralelos, criação de espaço exclusivo para divulgação das atividades governamentais e implantação de um sistema de gestão de relacionamento com o cliente a partir do cadastramento dos participantes.

Desenvolvimento – Para Incrementar a organização das Feiras optamos pela mudança radical na programação social – uma vez que a programação técnica – já estava totalmente aprovada pelos participantes. Incluímos na ocasião uma série de atividades para a família – com *shows* de música sertaneja – para público jovem; atividades para as crianças e para as mamães. Assim, os produtores teriam todo o tempo do mundo para participar dos leilões e também da premiação dos animais, ao passo que seus familiares e amigos – se divertiam com todas as atividades propostas. Paralelamente – desenvolvemos, em um espaço reservado, uma exposição institucional, com detalhamento da atuação dos institutos: Pesca, Biológico, Economia Agrícola, Florestal, etc. além da CEAGESP, CAIC e Casas de Agricultura que compunham o órgão. Para esses *stands* – além da mostra – foram levados animais e insetos – como bicho-da-seda – que durante o evento – serviam de "chamariz" para aqueles que queriam entender mais de uma ou outra atividade. Os técnicos dos institutos, envolvidos em todo o processo, participaram ativamente na montagem e no desenvolvimento da estratégia de abordagem para passar ao público visitante informações relevantes com impacto na sua qualidade de vida.

Resultados – Além de conseguirmos maior número de apoiadores/patrocinadores para os eventos dada à programação, o aumento do número de visitantes foi significativo. O espaço da Secretaria da Agricultura com os *stands* e técnicos do instituto – além de amplo espaço na mídia – tornaram-se um dos destaques do evento e um dos pontos mais visitados pelo público circulante, reforçando assim o posicionamento almejado. Isso, na época, trouxe para o órgão mais visibilidade e notoriedade, o que acabou por viabilizar a divulgação de uma série de outros serviços da Secretaria – inclusive os de cursos de nutrição voltados a aproveitamento de cascas de legumes e frutas, entre outros.

O Passo a Passo na Construção de Marcas

Se comunicação trata de tudo o que é imagem e reputação, entender da construção de marcas é parte também do escopo da função. Por isso – acredito que o diagnóstico da comunicação* possa ter um papel fundamental nessa questão.

A construção da marca ou a contratação de um estudo de *branding* – deve começar por aí. Fazendo um levantamento completo de como está posicionada a marca, como está sendo gerida e, o mais desafiador – como deve estar nos próximos anos? Qual a expectativa, como será redirecionada? Qual o público-alvo a ser impactado? Que tamanho quer ter? Com que público quer se relacionar?

---

* Diagnóstico da comunicação. É exatamente sobre isso que este livro se debruça. O saber olhar-se, colocar-se na frente do espelho e, bem – mudar e transformar o que precisar ser mudado, transformado... Cuidar do branding é cuidar do que vai dentro da alma, e depois – fazer com que o que vai para fora – esteja em sintonia. Imaginem um desses programas de moda – que estão a toda hora na TV a cabo como exemplo. Uma mulher de 40 anos que se veste como uma boneca! Pode? É parece que sim. Principalmente se a mulher tiver seus 40 anos e idade emocional de 12... O resultado é uma coisa ridícula! E, não digo aqui que isso não é assumir a idade – há uma diferença enorme entre envelhecer e se tornar antigo... Agora daí – para sair por aí parecendo uma BARBIE... Bem, algo errado... Enfim, algumas organizações atuam dessa forma com seus produtos e serviços. Possuem uma visão distorcida do que estão oferecendo e, com isso – perdem mercado – estão míopes. O estudo de branding – em uma analogia – serve como um espelho para essa mulher que não se vê, não se percebe ou para qualquer organização... Há, por isso, que ter base técnica e informações confiáveis. Demanda suporte de profissionais que a ajudem a desmistificar as verdades construídas sobre base falsas – a mostrar o que de fato está acontecendo e o que estão falando de nós "organização" sem que muitas vezes tenhamos consciência. E, como todo começo – reforço – para o caminhar é preciso saber EXATAMENTE ONDE ESTAMOS – afinal, o espelho estará sempre lá – para nós... Seres humanos ou organizações. Basta parar e olhar!

CONSTRUIR MARCAS FORTES DEMANDA PLANEJAMENTO, COERÊNCIA. DEMANDA ENTENDER O MERCADO A QUE SE VEIO E ONDE SE QUER CHEGAR. PEDE CONSTANTE ANÁLISE DE *PERFORMANCE* E DE IMAGEM E REPUTAÇÃO.

Bem, de posse disso, será preciso ainda fazer um inventário de todas as pesquisas existentes e estabelecer que outros estudos devem ser implantados. Conversar com cada dirigente, com os fundadores, entender o âmago, resgatar a essência da marca. Compreender a que veio, qual sua missão, onde inspira, onde não se posiciona.

Paralelamente ao levantamento e análise dos resultados das informações é preciso listar o que se pretende atingir. Exemplo: será que o que imaginamos para nossa marca é o mesmo que nosso consumidor está percebendo? Será nosso discurso coerente com a imagem que queremos passar? Como somos vistos por nossos *stakeholders*? Nossos acionistas, nossos parceiros, fornecedores, nossos funcionários, o governo, distribuidores, Será que nosso púbico percebe o esforço que fazemos ou não fazemos em termos de responsabilidade social? Estamos dispostos a transformar nosso negócio? Fazê-lo mais moderno? Mais atual? Mais sustentável?

Depois de trabalhados os pontos-chave da nova estratégia é importantíssimo entender se toda a direção está engajada e aberta para as mudanças que precisarão ser implementadas. Se todos, estão prontos para ouvir o que têm de ouvir em termos de percepção de marca, produto ou serviço.

Enfim o estudo de marca – navega mais ou menos por aí. O resultado será mais efetivo quanto mais honesto for o diagnóstico, o cruzamento das informações – as coerências e incoerências com tudo o que foi pesquisado.

Bem, depois de tudo analisado, a proposta é estabelecer claramente – a vocação do negócio, a estratégia de mercado, o posicionamento almejado e então definir os próximos passos – ligados a planejamento de longo prazo – que deve envolver a todas as áreas da organização – com os novos atributos de valor claros e objetivamente apresentados.

Na sequência – há que trabalhar também no *design*. Dedicar tempo e recurso na revisão da marca, suas cores, tipologia, formato, aplicação, políticas etc. etc. Existem hoje técnicas mais sofisticadas para esse tipo de estudo que passam por análises de semiótica – e, nos ajudam a identificar mais do DNA e da personalidade da marca. As características – que a compõem e que a tornam única – e, como traduzir tudo isso a partir de símbolos. Participar de um processo como esse é mesmo trabalhoso – mas diria – um presente para qualquer profissional de comunicação – habituado à gestão da marca.

Uma ferramenta – extraordinária para alavancar o negócio. Trazer para esse um norte, uma nova possibilidade de colocar-se de modo preferencial junto ao consumidor.

Prêmio Nacional de Turismo. Projeto de Consultoria

Histórico – O mercado nacional de turismo corporativo recebe eventos de diferentes países ao longo do ano. Seus convidados participam do evento e deixam o país sem sequer conhecer o destino. Esse comportamento poderia ser alterado a partir da sensibilização de todos os *players* desse segmento – em especial – do receptivo visando ampliar o leque de produtos e serviços que poderiam ser oferecidos para os turistas estrangeiros que chegam ao país todos os dias.

Desafio – Contribuir com as ações de órgãos governamentais na captação eventos internacionais para o nosso mercado.

Solução – Organizar uma premiação especial voltada a agentes de viagens, operadores de receptivo brasileiros e universidades de hotelaria e turismo. O 1º PRÊMIO NACIONAL DO TURISMO RECEPTIVO NO BRASIL. O objetivo seria incentivá-los e reconhecê-los pelos melhores cases de receptivo nesse mercado global, multicultural e cada vez mais competitivo. E, mais que isso, como subproduto, desenvolver um amplo programa capaz de capacitar essa nossa força de vendas qualificando-os com o que tem de melhor – a criatividade e a hospitalidade do brasileiro.

Desenvolvimento – Depois de lançado o prêmio, a cada nova edição a proposta seria selecionar novos cases de modo a criar uma biblioteca para consulta e disseminação de boas práticas. Esse material, além da consulta virtual estaria disponível em encartes de revistas e jornais do trade e, como suporte para manuais técnicos em programa de capacitação e formação no segmento também previstos como subprodutos ao Prêmio. A proposta ainda não implementada – foi constituída para colocar luz nas oportunidades e dificuldades que encontramos nesse setor e, a partir de então – propagar ideias criativas e inovadoras que pudessem beneficiar a todos do turismo. Ações de valorização da diversidade, da marca Brasil e do reposicionamento do nosso país no mercado global.

Resultado – O resultado esperado – aumentar a permanência de turistas estrangeiros no nosso mercado e, com isso, incrementar ainda mais o impacto desse segmento na nossa economia.

O Orçamento, as Diretrizes, as Expectativas da Comunicação

A comunicação demanda planejamento, investimentos e deve estar pautada na visão do negócio... Quando há um direcionamento claro da necessidade de comunicação fica mais possível estabelecer os limites e, também – o quanto, onde e como se vai investir.

E, como definir o investimento a curto, médio e longo prazos?! Quais os mercados-alvo? O que se espera da comunicação – além da construção da imagem da marca!? Quais as expectativas com relação ao *marketing*, as vendas, ao RH? Qual a necessidade real de comunicação? Como serão mensurados os resultados da área? Quais os indicadores!?

Essas são questões frequentes nas reuniões organizacionais. E, o montante a ser investido será sempre uma parcela com base no faturamento ou expectativa de faturamento. Geralmente, os investimentos em comunicação giram em torno de 2% sobre o faturamento. Esse número, no entanto – pode chegar a 10% ou mais em função do momento em que a organização vive e suas necessidades para o período – exemplo – ano de lançamento de produto; ano de comemoração de 25, 50 anos de atividade no mercado; ano de reposicionamento do negócio; ano de fusões etc...

O tamanho do orçamento*, nesse sentido pode variar de R$ 500 mil a R$ 15 / R$ 30 milhões ou mais/ano. E a forma mais acertada

---

*Orçamento – De fato, não dá para caminhar em qualquer direção sem ter claro o quanto se pode investir, o quanto se dispõe para uma ou outra ação. E, exemplos não faltam para tanto. Dentro da comunicação ou do marketing é assim. Normalmente as empresas trabalham com orçamentos anuais e revisões ao longo do exercício. O acompanhamento do que foi proposto e do que está sendo investido precisa ser rigoroso. E, por isso, saber orçar, significa também saber

de gerir esse montante é trabalhar visando conquistar para a organização o melhor posicionamento no mercado e o melhor clima interno. A distribuição do recurso – também deve ser analisada em função do que se quer atingir e das oportunidades. Normalmente, as atividades mais cotadas na área – envolvem as ferramentas de Assessoria de Imprensa, Relações Públicas, Relações Institucionais, Publicidade, Web, CRM, Comunicação Interna e Eventos.

A definição do recurso e da estratégia – depende do segmento, das ações, do foco do negócio. Por exemplo – se a comunicação andar junto com o *MARKETING* – com certeza esse valor tende a ser maior – pois as ações voltadas ao consumidor final – demandam maior esforço de venda; se a comunicação andar de mãos dadas com a RESPONSABILIDADE SOCIAL – mais recursos. Os programas de responsabilidade socioambiental demandam grandes somas no início da implantação até se tornar sustentáveis; se a comunicação – possuir um *budget* – específico para posicionamento – esse volume pode ser reduzido – à medida que outras ações já estarão suportadas por outros *budgets*. Se o foco for comunicação interna – ou todos os pontos acima coordenados por uma única base – bem – então o orçamento realmente deverá acompanhar a demanda...

Outro ponto que impacta a definição do recurso é o tamanho do setor. Se estamos tratando de um segmento técnico, especializado, o esforço maior pode ser direcionado para o trade – o que reduz os investimentos em mídia de massa. Se for um produto corpo a corpo – o investimento pode ser em grande parte direcionado para comunicação interna e complementado por comunicação dirigida ou *marketing* direto e isso demandará recursos menores e uma comunicação sob medida. Vamos imaginar ainda – a comunicação – dentro de um segmento de varejo e que os produtos da marca em si investem anualmente muito recurso para estratégia de *marketing* e promoção de vendas – o que também contribuiu para a construção da marca *umbrela* – talvez aí os investimentos tenham que acompanhar o porte do negócio. Trabalhar a comunicação corporativa mais voltada para ações complementares ou ações de impacto na

---

negociar com parceiros internos e externos e, mais, manter controle sobre tudo como em um fluxo de caixa com entradas e saídas. Em alguns momentos, será preciso pisar no freio, realocar verba, migrar investimentos de um para outro negócio e tudo isso faz parte do calendário com planos de ação que priorizam oportunidades de negócio e visão de mercado – pautadas em RESULTADOS.

imagem sempre demandarão investimentos – o tamanho – de fato precisa estar alinhado ao que se espera e ao negócio.

O ORÇAMENTO DEVE SER DEFINIDO PARA CADA NEGÓCIO COM BASE NOS RESULTADOS ESPERADOS E NO MONITORAMENTO DO MERCADO.

Enfim, o orçamento deve ser definido para o negócio com base nos resultados esperados e com foco em indicadores que permitam avaliar o retorno. Não podemos falar em ficar, por exemplo, sem um programa de relacionamento com investidores, quando esse é um calcanhar-de-Aquiles da organização. Não podemos tão pouco – deixar de lado a comunicação interna – quando o negócio é serviço... Ou seja, para cada necessidade um plano específico com um orçamento e foco específico.

Caberá sempre ao gestor – maximizar seus recursos e, quem sabe – estabelecer alianças estratégicas com marcas correlatas para ampliar ainda mais esse potencial de investimento.

Há uma diferença enorme em trabalhar a comunicação para diferentes segmentos. Cada um tem as suas regras, suas necessidades, suas especificidades. Fazer comunicação para empresas do setor de mineração é diferente de tratar o mesmo tema em empresas do segmento automobilístico, que são distintas de empresas digitais, de empresas financeiras, de empresas de produtos de varejo, de serviços e assim por diante.

Todas dependem da comunicação para se posicionar. Todas precisam de investimentos nessa área. A forma, o foco, a distribuição dos recursos – será sempre o maior desafio... E isso demanda, além de conhecimento, bom senso, comprometimento, envolvimento – uma aliança com o negócio que se está representando.

Vila de Moradores, CBMM - Companhia Brasileira de Metalurgia e Mineração

Histórico – A CBMM é uma empresa única em diferentes aspectos. Socialmente responsável, com um programa ambiental abrangente foi pioneira na exploração e no beneficiamento do pirocloro – um minério de ferro-liga com amplo uso nas indústrias de metalurgia, construção, aeronáutica etc. Atuando nos segmentos de mineração e metalurgia, a empresa está localizada em Araxá–MG e é a maior exportadora de nióbio (o minério já beneficiado) do mundo. Uma empresa preocupada com a qualidade de vida – sempre investiu no desenvolvimento de seus colaboradores. E dentre as suas inúmeras ações, para esse público, destaco a construção da VILA DE MORADORES que na década de 80 beneficiou a mais de 200 famílias – os resultados – ainda hoje impactam outras gerações.

Desafio – Em conjunto com a área de Recursos Humanos – o grande desafio era dar suporte, registrar a chegada dessas famílias e contribuir para sua evolução dentro do contexto local enquanto profissionais e seres humanos. Além disso, a proposta visava proporcionar às famílias condições para adaptação, ou melhor a adoção desse novo estilo de vida. A comunicação deveria por isso – envolver o público interno, seus familiares e divulgar a iniciativa para outras empresas – com o objetivo de ao se tornar *benchmark* – estimular a outros empresários a empreender projetos nesse sentido. Importante reforçar que isso tudo aconteceu no início da década de 80 quando ainda pouco ou quase nada se falava em 3º setor no Brasil.

Solução – Desenvolver plano de ação de comunicação e potencializar o trabalho dos especialistas; registrar a evolução das famílias; e divulgar os resultados alcançados.

Desenvolvimento – Ao longo do tempo foi fácil perceber que para o acompanhamento das famílias seria preciso – além da área de recursos humanos e comunicação – profissionais de outros setores. E, para tanto, estabelecemos um convênio com a Universidade Federal de Viçosa com a cadeira de ECONOMIA DOMÉSTICA. Esse convênio – Empresa–Universidade – impactaria todo o processo de forma positiva. Essa foi na época uma iniciativa também inovadora – trazer alunos e professores – para dentro da empresa. E todo o processo com esses futuros profissionais resultou na otimização da implantação da vila e na rápida organização de uma cooperativa – que mais do que formação, informação e treinamento – ajudava na renda doméstica com minimercado; farmácia; centros médico e odontológico.

Logo, a cooperativa passou a atuar no desenvolvimento de pessoas a partir da criação de material de apoio para os programas de ensino de atividades para as donas-de-casa, como a confecção de peças artesanais, corte costura, culinária, artesanato – o que também ajudava na renda doméstica. Ao longo dos anos pudemos registrar uma mudança significativa na qualidade de vida dessas mais de 100 famílias (Vila Um) e, ao mesmo tempo – associar a iniciativa à imagem da organização. O sucesso foi tamanho que ao final de cinco anos – todas as casas – vendidas a preços subsidiados para os funcionários – já estavam pagas, e outras duas vilas estavam em formação. As economistas domésticas – além da preocupação com essas atividades – introduziram – noções de investimentos e de como administrar os recursos – dando a cada chefe de família mais repertório para essa nova fase. Dentro da empresa os colaboradores eram extremamente comprometidos e envolvidos e para o público externo – esse era mais que um cartão de visitas da Companhia. Reforçava a crença de seu dirigente – no respeito ao ser humano. As ações de comunicação – muito além da comunicação interna – passaram a ser reforçadas junto à imprensa e em anúncios para a mídia especializada no Brasil e no exterior. Foram desenvolvidos vídeos e documentários com depoimentos de funcionários e um programa de visitas à fábrica – que reforçava a visão empreendedora dos investidores.

Resultado – A CBMM ao longo do tempo passou a ser vista como uma empresa-modelo – totalmente responsável com o meio ambiente e comprometida com as questões sociais. Não somente por conta desse investimento, mas por toda a sua intervenção na região que incluía projetos de reflorestamento, recuperação de áreas verdes, restauração da fauna e da flora etc. Uma empresa – ainda hoje – sinônimo de uma atuação ética, participativa e muito benquista.

A Comunicação Global, de Massa, Dirigida ou Digital?

Mas afinal qual a comunicação mais adequada para o seu negócio?! A comunicação de massa? A comunicação dirigida ou a digital? A comunicação de massa deixará de existir?! Ela massifica opiniões e influi negativamente a imagem do negócio? A comunicação dirigida – continuará impactando os clientes – depois do advento da comunicação digital?!O que vem pela frente, qual o futuro da comunicação?!

O mundo muda, as formas de comunicação evoluem – mas uma coisa é certa – a imagem de uma organização, marca ou produto – precisa ser consistente. Demanda um conceito claro, objetivo, estratégico e coerente com o negócio. E, se é assim com a organização, com a comunicação não há como ser diferente. A comunicação também evolui e o que importa mais do que o formato é sempre – saber responder o que se quer atingir com o que será comunicado e mais – qual o conceito a ser aplicado... Afinal – vale sempre repetir – a construção da imagem e a reputação da marca – está parte na empresa, nos seus valores e princípios – parte na cabeça e na percepção do cliente.

Todas as formas de comunicação* são eficazes, importantes e complementares – tudo converge para um único ponto – a construção ou a fragmentação da marca. O que precisamos sempre ter em conta é o como estamos nos comunicando, para quem, quando, onde e por quê?!

---

*Formas de Comunicação... Qual a mais correta, qual a mais eficaz, qual a que tem mais a ver com meu negócio!? Para responder a essas perguntas – um bom briefing, um bom brainstorm pode facilitar e muito a solução. O importante é ter sempre em mente que para cada tipo de necessidade haverá sempre uma técnica ou ferramenta mais adequada. É crescente no mercado a revisão da comunicação. Campanhas em mídia social, sites especiais e tudo o que for viral – faz sucesso e deve ser usado, entendido e respeitado.Vale ressaltar, no entanto, uma lição

Se precisamos rapidamente atingir um grande número de pessoas de forma impactante – como, por exemplo – num lançamento de produto de massa, ou mesmo num processo de crise, de alerta à população – a comunicação de massa é o canal. Por outro lado, se temos um produto técnico para um segmento de público muito dirigido – o caminho pode ser mesmo a comunicação dirigida. Já se o produto for global e dirigido a um público com total acesso à Internet – talvez *facebook*, *twitter*, *blogs* e todas as demais comunidades virtuais – sejam o melhor caminho – terão mais impacto, mais credibilidade e ajudarão a construir a imagem da organização. Afinal – o canal é também parte da estratégia – de como se espera posicionar o negócio no mercado. A decisão por isso precisa ser sempre em conjunto – gestores e profissionais de comunicação – que dentro de uma visão macro poderão optar pela melhor solução.

E é verdade que em muitos casos vamos ter de aplicar simultaneamente várias ferramentas de comunicação – como numa poesia – vamos transformar comunicação em algo a ser desejado. Então qual o canal vai ser? Dependerá sempre do perfil do produto, do perfil da marca, do perfil da organização e do segmento de público que se quer atingir.

A COMUNICAÇÃO MAIS EFICAZ É AQUELA MAIS ADEQUADA – AO PÚBLICO-ALVO, À CULTURA DA ORGANIZAÇÃO, AO QUE SE QUER OU PRECISA COMUNICAR...

Na comunicação – um ponto – não pode ser deixado de lado – e, é a base de todo esse trabalho – o conceito. Uma vez decidido o canal e a ferramenta com as quais vamos nos comunicar é importante conseguir – unir – conceito x segmento do público x ferramenta de comunicação.

É esse *mix* – essa forma redonda de atuar que dá a públicos diferentes a mesma força dentro da estratégia e a ferramentas distintas o mesmo peso estratégico dentro do negócio. É essa, acreditem, a forma correta de agregar mais valor, fazer mais.

de casa básica: SABER SE O QUE ESTAMOS PROMETENDO PODE SER CUMPRIDO. Se sim, bola para a frente. A escolha da ferramenta – sempre aparecerá de acordo com o que se tem a comunicar, com o perfil do produto, o perfil do público... É o caso, por exemplo, da namorada – que resolve discutir a relação por telefone... PÉSSIMA ESCOLHA. A relação a gente não discute – vive!!! O que certamente não dá para fazer com essa ferramenta, um melhor canal de comunicação.

Por isso, dominar as ferramentas, o perfil dos públicos, a forma como devemos atuar ajuda na medida em que nos faz mais conscientes do papel da comunicação – seja ela visível, invisível, total, integrada – não importa a denominação – desde que tenha por detrás um conceito, uma organização saudável e vencedora.

Recepção a Delegações Internacionais, CBMM

Histórico – Empresa multinacional ao contrário – ou seja – 95% da produção exportada para países americanos, europeus e outros. Uma empresa brasileira ímpar com um desafio enorme pela frente. Reforçar seu posicionamento no mercado global e dentro do mercado nacional – consolidar-se enquanto organização e marca – para incrementar a venda de produtos industrializados com uso em tecnologia de ponta. Do Brasil para o mundo – ou melhor – do triângulo mineiro para o mundo. Isso significava que a sede da empresa, sua planta, seus profissionais – tudo deveria inspirar, transpirar solidez, estabilidade, profissionalismo, competência, sustentabilidade e, acima de tudo – capacidade de produção e entrega por um longo período de tempo.

Desafio – Contribuir para o posicionamento da empresa no mercado global de ferro-ligas e com isso trazer para o negócio – novos clientes, mais resultados.

Solução – A empresa possuía em Araxá uma sede exemplar – uma planta que mais parecia um parque – tamanho o cuidado com o meio dentro e no entorno. Além disso, estava estruturando sua nova sede em São Paulo em um edifício que realmente transmitiria ao cliente internacional – a que veio. A solução proposta foi embarcar nesse processo e sugerir a instalação na nova sede – de um *showroom* interativo com todas as aplicações possíveis do minério já beneficiado. Paralelo ao espaço – seria também implementada a primeira Biblioteca Técnica sobre o tema no Brasil – aberto às universidades de todo o país.

Desenvolvimento – Para a implementação do *showroom* na sede da empresa foram contatadas diferentes montadoras. A escolhida – nos trouxe uma proposta – requintada e que reforçava totalmente o que queríamos passar – a solidez e a capacidade da empresa – em por longo prazo manter seu atendimento ao mercado interno e ao externo dessa *comoditie*. Ao mesmo tempo, a proposta deveria ressaltar todos os investimentos da empresa na área social – seja sobre seus projetos de recuperação da fauna e da flora local, recuperação do entorno do Hotel de Araxá ou ainda a construção e a forma de investir em seus colaboradores. Por isso, além do *showroom*, da biblioteca técnica – investimos também em um pequeno auditório para a apresentação de vídeos e de peças multivisão – com os temas técnicos e sociais – marcas fortes da atuação da empresa no Brasil.

Resultados – Todos os potenciais clientes da CBMM antes de visitarem a planta passavam pelo escritório central. Lá lhes apresentávamos a empresa, a cultura, os principais produtos e a preocupação com a sustentabilidade. Além desses potenciais clientes – a CBMM passou também a receber estudantes e formadores de opinião – tornando a melhor referência técnica sobre o minério no mercado nacional e internacional. Toda essa postura – fazia da empresa – única no meio em que atuava. Agregava ao negócio a confiança e a credibilidade necessárias.

As Novas Possibilidades de Comunicação

Se esse livro trata de comunicação, de vivência na área – de conceito – para continuar precisamos levar em conta e abrir espaço para a revolução digital. Ela já está aí impactando a nossa área, e aqueles que não souberem como tirar melhor proveito desse cenário que vem somar e facilitar ainda mais o trabalho na área – não sobreviverão.

A velocidade é outra e a criatividade ilimitada. Lembro-me da época da datilografia, das cartas, dos corretivos, dos telex, depois – do impacto do *fac-símile*, dos *e-mails*, e agora – tudo mudou, a velocidade desafia. De repente somos todos escritores, compartilhamos nossas ideias, percepções, sensações a partir de *sites*, *blogs*, comunidades virtuais, vídeos, *i-phones* e de tantas outras tecnologias disponíveis que – influenciam e abalam a construção de marcas, produtos e organizações.

Vivemos num mundo onde tudo é interativo todos estamos conectados*. Todos querem ser ouvidos, participar, contribuir e, porque não, influenciar. E, se é assim – todos, absolutamente todos – somos formadores de opinião e protagonistas de histórias dentro de um modelo que privilegia o indivíduo, a relação custo benefício, a qualidade de vida, a fidelidade que se conquista a cada dia, a concorrência acirrada, as sensações.

---

*Interativo. O mundo, a comunicação, tudo passa pela interatividade... Se a tecnologia causou algum impacto na comunicação – posso garantir – que é o fato de transformá-la em algo interativo. Passível de troca, de integração, de possibilidades. E com essa sofisticação na comunicação ganhamos todos. Em velocidade, em oportunidades, em impacto. O ponto de atenção é sabermos que tudo nesse novo mundo passa – a uma velocidade assustadora. E que da mesma forma como se constroem marcas e produtos – o mercado se encarrega de eliminá-los rapidamente. É assim com as relações, é assim com a teoria do CAOS – e com tudo o que está ligado ao descartável. Construir marcas fortes, marcas e organizações que vieram para ficar pede muito mais do que foco e atenção. Pede ABRIR OS OUVIDOS, OS OLHOS, A BOCA, OS SENTIDOS e, dessa maneira, permitir-se conhecer o que chega como retorno – seja positivo ou negativo. E, dessa forma, programar as mudanças, as transformações, as atualizações que estabeleçam vínculos emocionais – que gerem lealdade.

É – pode até parecer paradoxal – mas o mundo digital – estimula o mundo da experimentação, das sensações, do despertar dos sentidos. E, então, a comunicação mais do que estabelecer vínculos emocionais ou racionais – precisa agora – acordar os sentimentos e estabelecer com cada consumidor – uma conexão real, ou, melhor, virtual.

A COMUNICAÇÃO EFICAZ É AQUELA QUE ENVOLVE O SER, DESPERTA O OLFATO, A DEGUSTAÇÃO, A VISÃO, A AUDIÇÃO, O SENTIR. TRADUZ-SE POR EXPERIÊNCIA.

O consumidor, o formador de opinião, o público-alvo quer liberdade e ao mesmo tempo quer ser conquistado, seduzido – quer viver sensações, ter o mundo em suas mãos. Gosta de ser reconhecido em suas tribos – com seu perfil, suas crenças e valores. E, então, a comunicação se transforma em uma comunicação atemporal, focada, específica e inclui em suas ações – uma linguagem mais informal onde o cliente é convidado a buscar a informação e selecionar o que mais lhe interessa. O consumidor não é mais encontrado ele encontra o que quer, se envolve e avalia antes de dar o próximo passo – compartilha suas percepções, seu aprendizado, sua experimentação, sua preferência.

O mais interessante é que em todo esse mercado, com toda essa movimentação, evolução e experimentação – o indivíduo – quer ser mimado! Quer saber que tudo foi feito para ele, de forma pensada, planejada, personalizada. Quer se sentir parte atuante – dentro de um contexto – no qual o reconhecimento e a importância da marca são formados a cada instante, a cada novo contato, a cada nova abordagem... Esse consumidor possui um padrão global, com referências multiculturais – entende de *design*, de cores, de aplicação de marca, de abordagens vencedoras. Faz comparações, pesquisas, desenvolve sua forma muito íntima de se relacionar com tudo o que é externo. Valoriza por isso estratégias pensadas, criatividade, clareza e objetividade e consistência.

E, apesar de todos esses novos fatores que influenciam o comportamento humano e que estão voltados para uma vida de qualidade, a ideologia do bem-viver, do se reconhecer em histórias, contextos, resignificar o meio, alguns pontos, permanecem os mesmos! Agora, como em tempos passados, a comunicação de conceito – aquela do alquimista que a tudo transforma e dá um toque elegante, original, inovador, cheio de prestígio e delicadeza – transforma qualquer marca, organização ou produto em algo consistente – ainda tem espaço.

Inauguração, Accor Hospitality

Histórico – Em hotelaria, a abertura de um hotel tem um significado mais que especial. É a chegada da marca à região, a geração de empregos diretos e indiretos, a formação de uma equipe alinhada com o conceito da marca, o acompanhamento dos últimos detalhes da instalação, a aquisição de todo o estoque inicial – incluindo todos os equipamentos móveis e utensílios, as áreas de alimentos e bebidas, enxoval e todo o material de comunicação, ou seja – uniformes, papelaria, *displays*, sinalização etc. etc. Tudo isso deve ser sincronizado e, para tanto, de acordo com a complexidade da marca – categoria – superluxo, luxo, alto padrão, superior, econômico, supereconômico – todo esse processo pode ser mais rápido ou mais demorado. Paralelamente a esse que já é um desafio enorme – a área de comunicação em conjunto com investidor, gerente geral, comercial, reservas RH e operações – fica encarregada de organizar – o lançamento que pode ou não incluir um grande evento de inauguração.

Desafio – Organizar o evento de inauguração do Hotel Sofitel São Paulo – seis meses depois do período de *soft opening* abertura (o hotel inicia sua operação em *soft opening* e somente depois de todos os ajustes e adequações necessárias – passa a operar normalmente). O evento – além de encantar os convidados deveria apresentar o empreendimento – ou seja – fazer com que os convidados circulassem pelo edifício e que quisessem retornar para o restaurante ou para se hospedar no hotel.

Solução – Em um grupo multidisciplinar com a participação das áreas operacionais, comercial, *marketing* – comunicação, reservas e ainda do gerente geral, investidor e os parceiros – assessoria de imprensa, agência de publicidade, empresa organizadora de eventos, *promoter*, empresa de brindes – organizamos o que seria uma das mais bonitas festas de inauguração de um hotel, uma festa temática. A proposta era trazer um pedacinho da França para São Paulo.

Desenvolvimento – Todo o evento foi organizado no formato de um circuito e, nesse sentido, haviam atrações gastronômicas e outras ao longo do edifício. Ao começar pela entrada, com camponesas que faziam um tapete com pétalas de flores, até passar pelo *lobby*, com diferentes tipos de pratos de regiões específicas da França. Foi assim em cada um dos três andares sociais – incluindo a área de eventos onde aconteceram os discursos e a solenidade oficial – transmitida por telões nos demais espaços de acolhimento. Havia como atração – esquetes, caricaturistas, poetas e atores que davam ao evento uma característica única. Além disso, muita música, um menu mais que especial e a certeza de que tudo havia sido pensado para fazer do convidado – um novo embaixador da marca e do empreendimento na região. Para cada convidado – era entregue na entrada o programa do evento com descrição do menu e da atração andar a andar. Além disso, diferentes apartamentos ficaram montados e abertos para visitação – todos com monitores que explicavam os diferenciais de cada produto. Ao final, além da tradicional mesa de café com *champagne* e trufas – cada convidado recebeu uma caixa com uma amostra das delícias feitas pela *Boulangerie* do hotel.

Resultado – A inauguração do Hotel Sofitel São Paulo nos ajudou a organizar outras diferentes festas de inauguração e de lançamento de marcas hoteleiras no Brasil. Foi realmente um marco na hotelaria da capital e impôs um novo padrão de eventos de abertura – depois seguido por outras diferentes redes. O evento foi especial a ponto de fazer com que nos meses subsequentes a taxa de ocupação do empreendimento alcançasse o esperado, e tornou-se um *point* para as áreas de restauração e eventos – ainda hoje – extremamente bem posicionados na cidade um hotel de luxo, uma marca com o charme francês.

Mas Afinal, onde Termina a Comunicação e Começa o Marketing?

É um desafio responder a essa pergunta para os menos puristas... Para estes vestir o chapéu da comunicação ou do *marketing* – ou ambos – parece possível e realmente acontece. Mas, para que cada um fique no seu lugar, de fato – há uma distância entre um conceito e outro e que é básica, fácil de compreender. A comunicação trata a imagem e a reputação* e está toda dirigida para a opinião pública. Lança mão de ferramentas, como relações públicas, assessoria de imprensa, pesquisa de mercado, publicidade, portais na Internet etc. Já o *marketing* pode até reforçar a imagem, a organização, mas terá sempre foco no produto ou serviço – estará, portanto – totalmente direcionado para o público consumidor, o cliente. Usa ferramentas como vendas, vendas *on-line*, *marketing* direto, CRM, propaganda, distribuição, pesquisas etc. Comunicação demanda pesquisa

---

**Imagem e reputação de marca* – imagem está vinculada ao que projetamos em termos de comportamento. É definida no entanto pela percepção do outro que – como em uma sabatina – nos avalia, classifica e dá a nota – cria a reputação. Ou seja, uma está totalmente ligada ao sucesso da outra – projeção x percepção – discurso x atitude. No mundo da música há muitas histórias assim – cantores com vozes maravilhosas – com sucessos absolutos e uma vida completamente fadada ao insucesso. Astros e estrelas que brilham nos palcos, e na vida real se acabam com as drogas, o álcool, a dependência. É mais ou menos o mesmo o que acontece no mundo dos negócios – e que condenam organizações ao fracasso. Produtos que projetam uma boa imagem, que são "compráveis" e, organizações que poluem o meio, formam quadrilhas, enriquecem ilicitamente, destroem as pessoas etc. Ou seja, produtos com boa imagem – nem sempre – vem de organizações saudáveis. De outro lado, organizações saudáveis – sempre – produzem – produtos excelentes... Por isso, produtos e organizações não comprometidas com a sustentabilidade de seu negócio, tendem ao fracasso. Imagem e reputação de marca nesse sentido só contribuem se andarem juntas de mãos dadas...

de imagem, de reputação de marca, de posicionamento – atua com o 3º setor – empresta para a empresa mais notoriedade. *Marketing* necessita de dados, estatísticas, giro do produto no mercado, *share*, tem como base – informação sobre o negócio – traz para a empresa resultados de vendas.

ENQUANTO A COMUNICAÇÃO CUIDA DA OPINIÃO PÚBLICA, O *MARKETING* TRABALHA OS POTENCIAIS CONSUMIDORES.

Então, se a diferença é essa – deveria ser fácil separar uma e outra. Mas, digo a vocês que não é. Tanto que ao longo desses anos todos – exerci diferentes funções – com títulos completamente distintos – o que pode criar uma confusão quando queremos explicar – mas o que de fato fazemos!? Sem falar – que na grande maioria das empresas – MARKETING e COMUNICAÇÃO se misturam – e, o que faz – um – faz também o outro... Dá certo? Dá – mas para cada profissional – o foco maior será com certeza – melhor percebido em uma ou outra área...

Enfim, exerci cargos com denominações como as que seguem – comunicação institucional, relações públicas, identidade visual, comunicação visual, serviços de *marketing*, publicidade e propaganda, assessora de comunicação, assessora de *marketing*, assessora da presidência, *marketing* institucional, *marketing* corporativo, comunicação corporativa, internet etc. etc. E se vocês se derem ao trabalho de conversar com outros tantos profissionais a resposta será a mesma vão ouvir as mesmas respostas – denominações que não se repetem embora estejam relacionadas a estratégias e aplicação das ferramentas ora de comunicação, ora de *marketing*.

E, apesar então da denominação – o que fala mais alto é sempre o foco, o objetivo, a vocação da área e a formação do especialista que deve estar nesse caso mais para generalista. Normalmente um profissional de comunicação ou *marketing* precisa entender, dominar os dois conceitos e saber quando se utilizar de um ou de outro chapéu... O tom da comunicação – não importa, não muda – o que muda sim é o objetivo, o que se quer atingir quando direcionamos nossos esforços para o consumidor – ou para a opinião pública. Como já afirmado anteriormente o que não podemos perder de vista é a manutenção do conceito e dos valores da organização. Isso precisa estar claro sempre. É essa a única forma de garantir que a marca permaneça protegida e dentro do que foi traçado para sua trajetória desde seu nascimento.

E é claro que isso não quer dizer que não haverá – avaliações e reavaliações de processo, de visão de negócio, de acompanhamento das novas tendências, das novas regras de comportamento etc. etc.

Mas, independentemente disso – o conceito precisa estar nas entrelinhas – seja da comunicação, seja do *marketing*. É essa a forma de fazer com que qualquer organização, marca ou produto – saia do anonimato – da vala comum e se torne perene. Imaginem uma organização com uma comunicação corporativa redonda e uma área de vendas que age como um míssel desgovernado – problemas à frente! Essa falta de sintonia gera ruídos na comunicação...

Hoje se fala muito em entregar experiência e, nesse contexto trabalhar com os sentidos – como o já anunciado – "Brand Senses" ou *marketing* sensorial já é uma realidade. Quem faz o que não importa se o conceito estiver claro. Se soubermos qual o caminho, o Norte. Daí, definir a marca olfativa, as cores, a gastronomia, o design... parte.

Então – comunicação ou *marketing* – fica difícil responder! Vamos ter ferramentas mais importantes para uma atividade que outra mas, quanto mais o tempo passa – mais creio que as ferramentas são as mesmas – o que muda é a música, a forma de tocar o instrumento e, o mais importante, a quem e como se quer atingir... No mais, continua tudo tão importante quanto essencial para a vida de qualquer negócio de sucesso. Comunicação – mais centrada no posicionamento. *Marketing* focado em vendas.

Ambos, centrados na experiência, no conceito.

Parcerias e Alianças Estratégicas, Accor Hospitality

Histórico – Dentro das marcas de seu portfólio – a Accor Hotels – concebeu a marca NOVOTEL. Uma marca reconhecida no mercado europeu e em outros países asiáticos e latinos em função da sua funcionalidade. Novotel é um produto voltado para o homem ou mulher de negócio e que possui também uma atenção especial para o hóspede mirim. Todo o conceito arquitetônico do produto foi projetado para isso – e traduz-se pela funcionalidade de suas instalações, modernidade, convivialidade, gastronomia generosa e o mais interessante – um padrão que se repete e que o cliente valoriza por não ter surpresas. Enfim, um produto único com inúmeras possibilidades de estabelecer-se em diferentes mercados e culturas como uma marca notória e com alto grau de visibilidade. E para tornar qualquer lançamento de produto mais desafiador, no mercado hoteleiro, o *budget* de comunicação é limitado – o que faz com que as marcas mais bem posicionadas acabem por depender da criatividade do gestor que consegue conquistar posicionamento com poucos recursos.

Desafio – Encontrar novas possibilidades de atuação em comunicação dentro do mercado *midscale* – um segmento onde a concorrência é acirrada e a demanda disputada cliente a cliente. E, dessa forma, agregar à marca Novotel mais visibilidade e notoriedade no mercado.

Solução – Buscar no mercado parcerias com marcas correlatas capazes de trazer para a organização novos atributos de imagem, mais visibilidade e credibilidade. Essas ações somadas à estratégia já implementada voltada para assessoria de imprensa, relações públicas e publicidade – potencializariam a distribuição da comunicação.

Desenvolvimento – Encontrar para a rede parceiros correlatos para ações conjuntas. E, para tanto, organizamos dentro da área um planejamento completo – com metas, empresas-alvo para serem abordadas, possibilidades de ações conjuntas etc. etc. Todo o desenvolvimento da ação estava embasado na criação de produtos que gerassem valor para a marca e o parceiro. Exemplo – venda de anúncios no diretório da marca – abrir espaço para anunciantes e permitir-lhes falar com um público AB – principalmente – do mercado corporativo; venda de espaço na Expo South América – evento organizado pela Accor com alcance em todo MERCO NORTE e MERCO SUL; criação de campanhas comerciais de benefícios para o cliente com foco em gastronomia; lançamento de produtos – tipo pacotes promocionais voltados à família – para veiculação em embalagens de produtos de varejo. Ou seja, para uma área que demandava investimentos – passamos a ser reconhecidos como uma área que trazia para o negócio recursos – no formato de alianças estratégicas. E, dentro dessa nova forma de atuação – exemplifico com a parceria que estabelecemos com a Nestlé – área de cereais – para a veiculação de um anúncio NOVOTEL – no *back panel* da caixa de cereais Moça e Nestlé. A tiragem da embalagem foi de cerca de um milhão e a distribuição feita por todo o país nos principais supermercados. A promoção reforçava a divulgação do PACOTE FAMÍLIA NOVOTEL – com uma tarifa extremamente agressiva para os clientes Nestlé que apresentassem o cupom estampado na lateral no *check-in*.

Resultados – Essa associação trouxe para Novotel novos atributos de imagem, entre eles o da MODERNIDADE. A marca – ao mesmo tempo em que ganhava as gôndolas de milhares de supermercados pelo país – reforçava sua identidade, seu novo posicionamento e seu foco para famílias em viagens de fim de semana. Essa associação trouxe para Accor e Nestlé resultados positivos. Para a Accor, além dos resultados de hospedagem e de visibilidade da marca, o projeto ganhou tanta visibilidade que se tornou um case divulgado – inclusive no mercado internacional. A partir de então outras parcerias foram viabilizadas e novos produtos foram incorporados a esse *roll* de possibilidades, com outras marcas fortes como Bauduco e, outras linhas de produtos da Nestlé.

A Questão
da Sustentabilidade

De fato, falar de comunicação nesse mundo global – cuja ideologia – é o bem-viver – pede um capítulo especial sobre a questão da sustentabilidade que coloca resultado, produto e integração com o meio como a base da existência e do sucesso.

E tratar da sustentabilidade da responsabilidade de cada organização com a comunidade e o meio ambiente – varia de empresa para a empresa no que diz respeito à comunicação. Em algumas empresas a área de comunicação está vinculada a *marketing*, em outras a RH e em outras à presidência e isso – interfere no escopo e no espaço para atuação. Por exemplo, é possível que vejamos áreas de comunicação incorporando – além das atividades do dia a dia – ações distintas. Como a de *ombudsman* tornando-se a voz da organização; em outras coordenando atividades voltadas para *branding* fazendo-se as guardiãs da marca; ou ainda gerenciando as ações ligadas à responsabilidade social e ambiental que podem estar estruturadas na forma de áreas ou departamentos ou até mesmo Fundações ou ONGs, na coordenação de SAC, CACs e assim por diante. Podem estar voltadas para a comunidade, para atividades culturais, esportivas etc. etc. Ou seja – a comunicação é mesmo abrangente e flexível.

Mas voltando a questão da responsabilidade socioambiental que promove a sustentabilidade do negócio – ela é de fato um diferencial positivo? Quero crer que hoje não mais. Isto é, não pode mais ser tratada como um *plus* e sim – como PARTE DO NEGÓCIO. A conscientização e a sensibilização do público sobre essa questão é tamanha que a organização só pode existir a partir daí. Essa postura correta, comprometida com o país, com o desenvolvimento vai muito além do se ter o melhor produto, o melhor posicionamento, a melhor estrutura os melhores funcionários e os melhores resultados. Contribuem na construção de imagem e reputação da marca e fazem o sucesso do negócio – dentro de uma postura ética, integrada ao meio: plausível.

RESPONSABILIDADE SOCIOAMBIENTAL, SUCESSO NOS RESULTADOS, PRODUTOS E SERVIÇOS EXCELENTES – *TRIPLE BOTTON LINE*... ASSIM AS EMPRESAS DE SUCESSO CAMINHAM

A atuação por fim – compromete a imagem e a comunicação, no sentido em que torna tudo público. Assim, ao estabelecer um círculo virtuoso – e, de novo – o formato só poderia ser esse – circular – se inicia a criação de uma cultura única que oferece experiência em todos os pontos de contato com o cliente*. É essa a comunicação que reforçará o conceito da marca ou, melhor, os pontos que determinam sua vocação, sua essência, o que é absolutamente perceptível.

Daí para estabelecer vínculos emocionais e que tornem cada um dos clientes leais para com a marca – isto é íntegros e verdadeiros na relação – um passo.

Trabalhar nesse sentido, com um olho no mercado e com outro no entorno, com o que pode e deve ser transformado na região onde se atua – cria valor. Estabelece relações com *stakeholders* difíceis de serem quebradas. É o caso de uma empresa de produto *comoditie* que pouco ou nada faz pelo meio. Ou seja – é totalmente focada em resultado, no negócio, no faturamento. Em longo prazo – em longo prazo – PROBLEMA. A primeira empresa que se instalar nesse mesmo segmento – com essa mesma qualidade – não digo nem com qualidade melhor – mas que demonstrar-se parceira, presente, consciente também do seu papel social – leva. Leva os resultados, os clientes e qualquer possibilidade de crescimento futuro.

---

* *Cliente – Gosto sempre de afirmar que o alcance do cliente extrapola a imagem que fazemos. O cliente nesse caso é mesmo o stakeholder. Aquele que com sua voz – seja no papel de funcionário, acionista, consumidor, parceiro, fornecedor, governo, imprensa, celebridade etc. etc., interfere. Interfere por ser único. Por ter opinião. Por formar opinião. Por estar presente. Se quisesse fazer um paralelo disso com o mundo organizacional ficaria mais ou menos assim... Sabe aquele diretor que ninguém suporta. Que todos sabem que sua forma de gestão é perversa. Que mais destrói do que constrói qualquer coisa na organização – embora dê resultados? Pois é – os dias desses então diretores – estão mesmo para acabar. Porque hoje – em grande parte – as organizações atuam com organogramas flexíveis. Estes dão voz a todos e, manter no quadro de funcionários – um profissional que não sabe se relacionar – realmente não é uma escolha inteligente. Isso impacta na imagem, na postura, na reputação da marca. Até porque – é esse mesmo profissional que estará por aí negociando em nome da organização – com bases – que nem sempre são da organização, o que gera ruídos, desgaste, machuca a marca...*

A sustentabilidade – ou seja – o que torna um produto, serviço ou marca – eficaz no que diz respeito à produção, impacto ambiental atuação ética e leal, compromisso com o ser humano e também com resultados – faz do negócio – muito mais que lucrativo. O torna parte. Infla o sentimento, o orgulho de pertencer. Traz satisfação e a sensação de plenitude.

Atuar ou fazer parte de grupos ou organizações como estas – preocupadas não só com lucros mas também com o futuro, as novas gerações – cria atributos intangíveis que transformam a percepção da marca.

Na comunicação torna tudo mais prazeroso e produtivo...

Projeto de Fidelização de Investidores. Blue Tree Hotels

Histórico – A Blue Tree Hotels sempre foi reconhecida por ser uma marca sólida, eficaz, uma marca mais humanizada que sempre trabalhou para manter com seu público um relacionamento com fortes vínculos emocionais. Uma marca voltada para a arte de se relacionar. A arte de servir.

Valorizada pelos serviços e elegância, dentre seus quase dois milhões de clientes/ano – a rede mantinha em seu portfólio – mais de 3.000 investidores – proprietários dos hotéis que administrava e que eram mais que parceiros – poderiam ser vistos como parte integrante da empresa. Entre o funcionário e o acionista. Ou seja, um público prioritário para o qual uma atenção especial deveria ser dada.

Desafio – Estabelecer um canal de mão dupla com esse público de fundamental importância para o sucesso da gestão operacional. Criar mecanismos que nos permitissem ouvir e ser ouvidos por esse segmento.

Solução – Desenvolver um amplo canal de relacionamento com o público investidor. O projeto previa a organização de um encontro anual – com um grande evento sobre os desafios e tendências do setor e a implementação de um programa de CRM – com o lançamento do CARTÃO DE FIDELIDADE DO INVESTIDOR BLUE TREE HOTELS.

Desenvolvimento – O cartão foi lançado na mídia e encaminhado a todos os investidores da rede como uma forma de reconhecimento pela confiança depositada à marca. De porte do cartão – o investidor – automaticamente passava a usufruir de benefícios em todos os hotéis da rede. A saber – descontos na hospedagem, descontos nos restaurantes dos hotéis, reservas Express além de receber regularmente um NEWS LETTER com as últimas novidades da rede e, mais, com artigos sobre operação e gestão hoteleira – viabilizado a partir de um convênio com universidades.

Resultado – Os investidores passaram a se sentir mais vinculados à organização e a empresa conseguiu em curto espaço de tempo – conhecer melhor a opinião destes para com sua forma de gestão e atuação. Essa aproximação nos permitiu implementar algumas mudanças importantes na operação e a incrementar a relação investidor–empresa.

Planejando a Comunicação Estratégica

A comunicação corporativa depende de um planejamento* global – que esteja alinhado com o planejamento estratégico do negócio. É somente a partir daí que ganhará força e eco dentro da organização. E, se todo o planejamento demanda esforço, metas e objetivos claros, para a comunicação não pode ser diferente. Sua elaboração deve ser feita com base na análise dos resultados históricos para melhor aproveitamento do orçamento e atingimento de objetivos previamente traçados para o futuro. Deve ser desenvolvido com base no conceito da marca e da organização. E se tivermos em mão – um diagnóstico prévio – das áreas que estão alinhadas ou não à cultura organizacional mais facilmente – poderemos dirigir nossos esforços para uma ou outra ação.

Ficará sempre sob responsabilidade do profissional de comunicação a definição das atividades a serem desenvolvidas ao longo

---

*Planejamento. Das atividades de comunicação, planejar é a base... E, para tanto, há que ter muito poder de abstração, criatividade e – CONHECER O CONCEITO, O NEGÓCIO, AS PERSPECTIVAS FUTURAS... Bem, sabendo de tudo isso – não dá para fazer como aquele ser que a todos controla, condiciona e engessa as relações – ou seja – não pergunta – faz tudo como entende ser o melhor, sem medir consequências, sem planejar, sem analisar... Vamos ver como é isso... Aquele que se dedica demais acaba com o posicionamento de qualquer negócio. Quer transformar qualquer produto em um mega, hiper, giga, super – produto... E, infelizmente – na comunicação – isso destrói qualquer possibilidade de construção de marca – ou melhor – posicionamento no mercado. Primeiro pela confusão que causa e depois pela falta de personalidade do produto... Um exemplo é organizar um superevento para formadores de opinião – conseguir quorum e não agradar com a escolha do buffet, das bebidas, dos brindes e pior – das atrações... Fim! Faltou planejamento, foco, orçamento – faltou bom senso. A festa se tornou um algo qualquer – sem alma, sem corpo, sem sucesso... Quer dizer – CLARAMENTE – SEM PLANEJAMENTO E POR CONSEQUÊNCIA – ENCANTAMENTO. Tudo feito aos soluços, de acordo com o vento, com a preferência de qualquer outro que não o target – as fronteiras do produto ou organização, ou seja, o posicionamento.

do ano em consonância com os grandes eventos da organização – lançamentos, aniversário de fundação, inaugurações etc. etc. E tudo deve estar no planejamento – separado por ferramenta, por mês de acontecimento e por ordem de prioridade.

PARA A COMUNICAÇÃO, O PLANEJAMENTO AINDA É A BASE DO SUCESSO... A ÚNICA FORMA DE AVALIAR PROCESSO, RESULTADOS E CORRIGIR O CURSO SE NECESSÁRIO.

As planilhas orçamentárias que acompanham a descrição das atividades propostas, os planos de ação e os contratos de terceiros devem ser acompanhados regularmente e quanto maior o nível de detalhamento mais facilitada ficará a renovação do plano no próximo exercício.

O acompanhamento do planejamento anual e do orçamento – é ainda a melhor ferramenta para se conhecer o retorno sobre investimento também em comunicação. É preciso, para tanto, que as ações de comunicação possuam indicadores capazes de dar ao profissional – base para manter os investimentos e ampliar as atividades de acordo com o que foi mensurado. Depois de estabelecidos os indicadores – ano a ano – é possível ainda avaliar as transformações obtidas a partir das ações já consolidadas.

Indicadores, controle orçamentário, revisão de processos, alterações no planejamento, inclusão ou exclusão de atividades, projetos especiais, análises de resultados de pesquisas, prazos, formação de equipe, suporte às demais áreas da organização, atendimento à presidência e demais gestores, pressão e mais pressão – tudo isso faz parte da rotina de qualquer profissional. E é sobre todos esses pontos que um profissional responde além de ser o guardião da marca.

Cabe também a esse profissional incluir no seu planejamento anual a coordenação ou direção de projetos voltados à responsabilidade social e à manutenção do meio ambiente. Ações que reforcem o papel da empresa na sociedade e ainda seu grau de sustentabilidade e ética.

Juntamente com tudo isso – com planejamento, planos de ação e orçamento, e tudo o que demanda recursos – caberá ao profissional de comunicação – traçar políticas e diretrizes para a organização. Exemplo: Política de Comunicação da Marca, Política de Eventos, Política de Fontes, Política de Crise, Política de Meio Ambiente etc. Todas elas – é importante registrar – devem ter o aval e a participação de áreas afim – como RH, LOGÍSTICA, *MARKETING* etc. Essa é com certeza a melhor forma de fazer valer o que está no papel.

Contrato de Negócios, Aliança Estratégica, Accor Hospitality

Histórico – Ações multimarcas são complexas de serem implementadas. Primeiro porque vão pela média – segundo porque não contribuem muito com a personalidade ou o posicionamento de um ou outro produto. Mesmo dessa forma, quando queremos falar de corporação de portfólio de marcas, de força, segmentação e distribuição – é interessante que marcas focadas em diferentes segmentos sejam apresentadas em seu conjunto. Reforça o endosso corporativo e dá sobrenome às marcas. Na Accor Hospitality tudo funcionava bem com esse modelo – para determinadas ações mais valor. Por isso, muito além das parcerias com marcas correlatas para um ou outro produto – em conjunto com parceiro de cartão de crédito – desenvolvemos na Accor – um acordo institucional com a marca *umbrela* – visando ampliar a visibilidade de nossos produtos, oferecer ao cliente de cada uma das redes mais serviços e mimos e na contrapartida – incrementar o *share* do cartão nos hotéis da operadora. Isto é uma ação onde todos ganhavam – as marcas, o parceiro e o cliente – brindado com ações mais que programadas.

Desafio – Fechar um acordo exclusivo com a operadora de cartão de créditos e trazer para Accor Hospitality recursos que viabilizassem ações de posicionamento e trouxessem maior exposição para as marcas.

Solução – Para que isso fosse possível desenvolvemos com a empresa parceira um acordo de negócio no qual – a partir da avaliação de resultados efetivos – teríamos de retorno um aporte financeiro suficiente para implementar as ações de comunicação de reforço de imagem e fortalecimento das marcas no período de vigência – ou seja um ano.

Desenvolvimento – A assinatura do contrato demandou um planejamento global de comunicação com indicadores de *performance* que foi implementado imediatamente depois de assinado o contrato. O programa trazia atividades para o público interno, o público consumidor, o público formador de opinião e público parceiro. As atividades foram distribuídas ao longo do ano e se resumiam em ações de divulgação, sensibilização e motivação do pessoal interno incluindo gestores; promoções específicas para o hóspede – com o toque de PAGOU GANHOU; ações voltadas para o cliente – com sinalização das áreas de circulação e maior conforto nas áreas de lazer; assessoria de imprensa para as editoras de propaganda e *marketing* e *trade* turismo informando sobre o novo acordo, e outras ações menores desenvolvidas ao longo do ano visando – ampliar as vendas com pagamentos nos cartões e, de outro lado – trazer para os parceiros – mais negócios, a preferência do consumidor, maior visibilidade e notoriedade no mercado.

Resultado – Durante o período de um ano as vendas com cartões de crédito da empresa parceira, nos hotéis da rede, ultrapassaram um crescimento da ordem de 40%. Todas as ações implementadas – estimularam o público interno e, de algum modo contribuíram para a fidelização dos clientes da marca. O parceiro – além de contabilizar os resultados – comemorou o reforço de imagem – a partir da associação de marcas e do aumento do consumo. O contrato foi renovado com a Accor Hospitality por três anos consecutivos. Trazendo para ambos – diferentes perspectivas de crescimento de negócios e de incremento de imagem no mercado.

Administrando Crises – uma Atividade que Envolve Comunicação

IIIIIIIIIIIIIIIIIIIIIIIIIIIIIIIIIIIIIIIIIIIIIIIIIIIIIIIIIIIIIIIIIIIIIIIIIIIIIIIIIIIIIIIIIIII

Durante todos esses anos participei de diferentes processos para gestão de crises. Tanto nas empresas para as quais trabalhei como também em parceria com outras consultorias. E posso lhes afirmar que, de fato, não é uma situação invejável e nem mesmo desejada por qualquer gestor. Mas, elas acontecem e o melhor mesmo é estar tudo pronto para quando chegarem.

Então, enquanto gestores de comunicação o que podemos fazer para gerir uma crise – sem arranhar a imagem e a reputação da marca? A resposta é sempre lógica – falando a verdade, usando de ética e bom senso todo o tempo. Agora isso tudo precisa ser construído – antes da crise. Tudo começa com a definição de um COMITÊ INTERNO DE CRISE. Ele deve se reunir regularmente e discutir cases, analisar fatos, consensar possibilidades de atuação. E, quem deve fazer parte desse comitê? A empresa é orgânica e, como tal, se puder contar com representantes de RH, OPERAÇÕES, MKT, VENDAS, PESQUISA etc. discutindo essa questão em conjunto melhor, pois estes serão os multiplicadores das decisões da organização quando necessário.

Se acompanharmos na mídia – fica claro compreender que o maior impacto de qualquer evento de crise – não está diretamente relacionado ao problema – mas, em muitos casos, na forma como este é administrado. Ou seja, como sempre – estamos falando de pessoas – de atitude – de comportamento. Isto é – da gestão da crise com responsabilidade, pró-atividade e comunicação clara – com envolvimento do público interno e de todos os *stakeholders*. Administrar crise de forma solidária, empática e honesta é demonstrar para nossos clientes que o respeitamos acima de qualquer coisa.

O QUE IMPACTA A GESTÃO DA MARCA NÃO É A CRISE E SIM A GESTÃO DESTA. A FORMA COMO É OU NÃO ADMINISTRADA.

Exemplos de crises bem ou mal administradas existem todos os dias e não vou citar aqui qualquer exemplo. O que vale analisar, puxar na memória, são alguns casos de contaminação de alimentos, remédios que não funcionam, explosões, vazamentos, quedas de aeronaves etc. etc., situações com ou sem vítimas fatais – situações que tratam de risco de morte... A solução está sempre na velocidade com que as empresas se colocam no mercado de forma coesa, com um discurso coerente e como seus funcionários se colocam – solidários, cheios de compaixão – ou indiferentes e com pouca ou nenhuma proatividade... Tudo gira em torno disso: VIDA HUMANA!

Qualquer questão de crise está relacionada à COMUNICAÇÃO E AO RELACIONAMENTO – gente! Então, quanto mais pudermos fazer internamente visando melhorar o posicionamento da empresa em face dessas possíveis questões, melhor. Acidentes, incidentes, envolvendo clientes, parceiros, fornecedores, funcionários, comunidade etc. etc., podem – infelizmente – acontecer e nesses casos só mesmo, liderança, rapidez nas ações corretivas, uniformidade de informação, definição do porta-voz etc. Fazem parte da solução.

Mas, para aqueles que querem mesmo o passo a passo – abaixo algumas das ações que precisam ser iniciadas pelo gestor da área.

1. Implantar um Comitê Anticrise. Os membros desse comitê precisam estar disponíveis para acionamento 24 horas e seus contatos devem estar liberados para todos os demais gestores do negócio (INCLUA NO COMITÊ – O ASSESSOR DE IMPRENSA E EMPRESA PARCEIRA DE RELAÇÕES PÚBLICAS).

2. Responsabilizar-se por – em momentos onde não há crise – elaborar um manual de crise; organizar reuniões regulares com uma programação contínua de treinamento; discutir estratégias, analisar o que é passível de correção, quais os pontos críticos, quais as soluções; auditar todos os processos e procedimentos em vigor; editar relatórios regulares com ações de correção. Em momentos de crise – gerenciar todo e qualquer processo dentro da organização; levantar as informações sobre o problema; ser responsável por acalmar e dar segurança à equipe sobre o ocorrido; estabelecer um discurso único para todos ao longo do processo; acompanhar o trabalho das autoridades responsáveis, inclusive na elaboração de boletins de ocorrência; isolar a área onde ocorreu o acidente; acionar o seguro; facilitar o acesso à mídia, o aces-

so à informação; coordenar toda a situação em conjunto com a direção.

3. Durante a crise – COLOCAR O CLIENTE, SEJA ELE FUNCIONÁRIO, CONSUMIDOR, MEMBRO DA COMUNIDADE, ACIONISTA ETC. ETC. EM PRIMEIRO LUGAR – PRESTAR SOCORRO; ACIONAR AUTORIDADES COMPETENTES; INFORMAR PRONTAMENTE O COMITÊ SOBRE O OCORRIDO.

4. Manter a calma! Levantar em caráter de urgência todos os problemas que provocaram a situação e estabelecer o que e como deve se posicionar a organização. Tomar todas as providências técnicas e legais para estancar ou evitar que o problema se amplie. Envolver o Departamento Jurídico e verificar as bases dos seguros existentes.

5. Acionar parceiros de Assessoria de Imprensa e estabelecer estratégia para mídia – exemplo – em função do tamanho do problema talvez sejam necessários a compra de espaço para mídia – elaboração de comunicados, monitoramento dos veículos etc. etc.

6. Definir o porta-voz – e acionar áreas técnicas responsáveis para dar suporte e respaldo na interação com a mídia. Durante a crise haverá uma série de pedidos de entrevistas e depoimentos. Há que avaliar a organização de uma coletiva em função do tamanho do problema e, se essa for a decisão, a organização da coletiva deve acontecer – em até 24 horas do acidente – quanto mais rápido melhor – isso evita especulações que normalmente não são positivas para o negócio.

7. Treinar todo o pessoal de *front* para acalmar e orientar o cliente – prestando a esse todas as informações cabíveis e assistência necessária (telefonistas, recepcionistas, serviço ao consumidor etc. etc.). Criar canais de comunicação interna que possam – em real time – passar a todos o andamento do problema e as medidas de correção já implantadas.

8. Preparar um plano de ação público a público com indicação do que deve ser feito para cada segmento e preparar todo material de apoio necessário – cartas aos clientes, aos parceiros, ao mercado, comunicados etc. etc. Estabelecer as regras de indenização – atuar juntamente ao jurídico e à seguradora.

9. Monitorar imagem da marca e reputação antes, durante e depois da crise. Todo evento dessa natureza impacta positiva ou negativamente a marca – em função – de como se administra a questão. Afinal, um acidente pode mesmo ser uma tragédia, uma fatalidade ou até mesmo um erro e, nesse caso – há que reconhecer e indenizar a todos os envolvidos. Isso não resolve, mas ameniza as consequências.
10. Acesso da imprensa no local do acidente – deve-se ficar muito atento para essa questão – pois – um acidente não pode provocar um problema ainda maior para os demais clientes. O acesso nesse caso – pode ser restrito – até por questões de segurança. Exemplo – em hotéis – não podemos comprometer a privacidade dos hóspedes que permanecem no local e, nesse caso – mesmo que tenha havido uma morte – dentro do hotel – o acesso deve ser limitado aos órgãos competentes.

ABERTURA DE HOTÉIS.
ACCOR HOSPITALITY

Histórico – A *Accor Hotels* é hoje líder na América Latina com mais de 140 hotéis em diferentes países. Só no Brasil são mais de 100 hotéis de diferentes categorias. Durante a década de 90 a operadora abria uma média de 10 hotéis por ano – e isso – se tornava um desafio imenso para a área de operações – mas também para a comunicação e *marketing*. Primeiro porque deveríamos pensar diferente para cada uma das marcas. Depois porque inaugurar um hotel durante o *soft openning* demanda esforço de todos os envolvidos. Isso tudo sem falar que – com essa velocidade – as inaugurações se tornavam frequentes e, o desgaste para a equipe começava a dar sinais de cansaço – ou seja – erros à vista.

Desafio – Desenvolver um MANUAL DE ABERTURA ACCOR HOTELS – com envolvimento de todas as áreas do negócio – já com um cronograma que priorizasse – área a área com até 365 dias de antecedência do dia D, ou seja, o dia de inauguração.

Solução – Envolver todas as áreas e levantar o passo a passo para organização do material. Operações, Jurídico, TH, Vendas, Comunicação, *Marketing*, Novos Negócios, Gerente da Marca. Levantar as últimas aberturas realizadas e, em função disso – avaliar erros e acertos mais frequentes para a formatação do material. Desenvolver o MANUAL DE ABERTURA MARCA A MARCA com as singularidades e necessidades de cada categoria. Anexo ao MANUAL com todas as "providências" e prazo mínimo de antecedência para início/desenvolvimento/entrega – os novos Gerentes Gerais recebiam também um *hight light* do MANUAL DA MARCA e MANUAL DE SINALIZAÇÃO INTERNA. Ali reunimos informações como – histórico do desenvolvimento da rede; posicionamento da marca; perfil do funcionário; perfil do hóspede; *share* de mercado; cases de outras aberturas; como aplicar a logomarca; uniformes; tematização; planejamento de abertura; *check list* de uma festa de inauguração; *check list* de uma campanha de publicidade e de sinalização no entorno com indicadores de investimentos x praça x marca etc. etc.

Desenvolvimento – Depois de finalizado o MANUAL de uma das marcas – a adaptação para outras foi fácil e ficou a cargo de cada Gerente de Marca e Operações. O MANUAL e seus anexos eram entregues para o Gerente Geral que – acompanhava no cronograma inicial o andamento da abertura, a quem acionar, o que programar até a inauguração. Era de fato um material de extrema importância e nos ajudou inclusive na abertura de hotéis em outros mercados como Chile, Peru e Argentina.

Resultado – A partir do lançamento desse material – que se tornou estratégico para a operação – as aberturas passaram a ocorrer "sem sustos" com tudo organizado e em tempo para que fosse um sucesso e o produto ou empreendimento rapidamente encontrasse uma posição preferencial no mercado onde estava se instalando.

A Criatividade Infinita do Brasileiro

Bem, depois de falar das novidades no setor, ou melhor no mundo – antes de entrar nas atividades de comunicação propriamente ditas – gostaria de falar um pouco sobre a infinita criatividade do brasileiro.

O brasileiro é realmente um povo com tantas características positivas que fica complexo demais enxergar todas. Somos um povo hospitaleiro, musical, dançante, produzimos obras de arte belíssimas, temos uma gastronomia regional – simplesmente fantástica – gostamos de cultura, de estar antenados, de ver e ser vistos como um mercado potencial e em ebulição. Somos criativos*, inquietos, coloridos, jovens de espírito e, ao mesmo tempo "descolados", sem assento... O que em alguns casos nos traz problemas...

Essa última característica – a da informalidade – nos faz tratar a comunicação também de forma quase "casual". Como muitas outras atividades – entendemos que todos, ou melhor, qualquer um pode atuar e dirigir a área... Poder pode – o resultado é que está em questão.

A COMUNICAÇÃO DEMANDA TÉCNICA, APERFEIÇOAMENTO, VIVÊNCIA, CRIATIVIDADE, OUSADIA, CURIOSIDADE E MUITO MAIS. ELA DEFINITIVAMENTE VESTE A ORGANIZAÇÃO!

Criativos. Sim, somos criativos. E, quanto mais soubermos de como, porque, para onde e em que direção tivermos de apontar nossa criatividade – mais possibilidade de acertarmos. Acertarmos a mão, o bolo, os negócios... Um chef de cuisine cria com tudo o que lhe é disponibilizado. Mas, para isso, ele tem consciência exata de onde quer chegar e, do que quer preparar... Um chef bem-sucedido, encontra para seus pratos, toques diferenciados. Sabores inusitados. Misturas possíveis. E, faz isso – porque primeiro – aprendeu a fazer o básico, depois a criar variações sobre esse mesmo básico – dentro de um direcionamento claro, objetivo e transparente... Dessa maneira pode ser dirigida nossa criatividade na comunicação. Com base na vivência, na experimentação, na técnica e, mais – nas possibilidades e perspectivas do negócio. No alinhamento...

Demanda olhar com a alma, colocar o coração em tudo o que se faz. Demanda engajamento, presença, compromisso – vínculo com o negócio e com as pessoas. Demanda – gostar de gente! Saber-se gente. Pede humildade, maturidade e visão de mercado.

Por isso – tantos estudos, tantos livros publicados e distribuídos sobre os temas de que trata. Seja de suas ferramentas, seja da forma como provoca relacionamentos, seja de cases e mais cases de sucesso e insucesso no mundo empresarial.

A comunicação é como uma teia – está em toda a organização e em lugar nenhum. Faz parte da marca, da imagem projetada, do que se quer e como se quer ser percebido. Ela é o produto em si, a marca, a organização. E, se não for bem tratada – corremos um sério risco de colocar tudo a perder. Numa linguagem figurada – imaginem entrar em um restaurante que tenha um mobiliário velho, antiquado e descuidado, com um cardápio caro e refinado, uma louça diferenciada e em alguns casos trincada, copos de todos o tamanhos, guardanapos coloridos, música ao vivo e dançarinas?! – uma bagunça, certo?! Errado se esse for o conceito! Se for conceitual – transformamos o que teria tudo para dar errado – em um algo que dá certo. Essa é a lógica.

A comunicação veste a organização, suas marcas, produtos e serviços. Faz com que tudo tenha sentido, intenção, propósito – e, essa é a diferença. E, quanto antes compreendermos isso – mais cedo teremos empreendimentos e empreendedores de sucesso seja em que segmento for.

E, nesse cenário – a comunicação ajuda!? Sim! Sobremaneira faz toda a diferença quando o que se quer é dar ao negócio um TOQUE ESPECIAL – pode ser humano, tecnológico, orgânico, antigo, esquisito, brega – não importa! Depois de definido o conceito – a comunicação flui. O diálogo acontece. E, nessa nova forma de abordagem – depois de tudo pronto – quanto menos interferirmos nesse entrosamento entre indivíduo e marca, organização ou produto – a experimentação, a impressão – a história – será sempre de cada um. Cada um no seu papel...

Por fim – comunicação é mesmo para profissionais. Para os que estudam comportamento, relacionamento, técnica e mais, se especializam em relações humanas.

Expo-South America, Accor Hospitality

Histórico – A Accor Hotels possui no mundo um posicionamento inigualável. Com hotéis em operação a empresa, é líder no segmento, em diferentes categorias hoteleiras. No início dos anos 2000 a filial brasileira passou a coordenar também a operação na América Latina e, nesse sentido, uma aproximação aos novos mercados se fazia premente – tanto no quesito – vendas como na compreensão de cada cultura.

Desafio – Desenvolver um amplo programa de comunicação e vendas voltado para o mercado Latino-Americano visando incrementar as vendas intra países na região.

Solução – A proposta aprovada foi o desenvolvimento de uma Exposição Itinerante – no formato de um *workshop* – voltado para todos os mercados latinos – inicialmente para MERCOSUL e MERCONORTE. Um projeto da área comercial – com total suporte de comunicação e *marketing*.

Desenvolvimento – Ao longo de um ano – preparamos no Brasil o que seria esse *Road-show* e, com apoio de todos os dirigentes Accor Hotels nos mercados latinos – fizemos repetir em cada país o que foi programado no Brasil (Argentina, Chile, Peru, Colômbia e Venezuela, receberam o mesmo cuidado). Iniciamos o trabalho com uma ampla exposição da marca, seus produtos e serviços. Tudo organizado para que a EXPO SOUTH AMERICA pudesse contribuir para o incremento das vendas e o intercâmbio entre os países. Ao longo do desenvolvimento e da criação de todo o material entendemos que – mais do que incrementar as vendas – o foco deveria ser dado ao resgate da cultura das diferentes regiões onde a empresa atuava e, nesse sentido, ampliar o escopo da exposição promovendo a troca. Assim foi feito – DESTINO, em primeiro lugar, com sua história, seus valores, sua cultura e os produtos Accor Hotels – inseridos nesse contexto. E então, "bingo", os eventos foram um sucesso e foram repetidos inúmeras vezes nos anos seguintes.

Para cada evento – uma nova comunicação visual, uma nova abordagem, um novo tema. Um apelo cultural que enaltecia a cultura e a história de cada povo, ou seja, aproximava, despertava curiosidade, fazia o negócio do turismo florescer.

Resultado – O crescimento das vendas intrapaíses no primeiro ano girou em torno de 80% e, além disso, obtivemos um impacto na mídia nacional e na região fortíssimo, o que trouxe para a marca novos atributos – agora – mais voltados para a integração e fortalecimento da presença nos países latinos.

O Papel do Profissional de Comunicação

Muito se fala sobre as atividades e ferramentas que devem ser dominadas pelos profissionais de comunicação. E, de fato, esses são fatores determinantes para o sucesso ou insucesso de um executivo e vamos tratar de tudo isso nos próximos capítulos. Antes, entretanto, gostaria de falar um pouco das qualidades que um profissional nessa área deve possuir. Em minha opinião, um bom profissional de comunicação – precisa de alguns aspectos mais subjetivos do que objetivos, como: saber-se um líder, gostar de pessoas, ser humilde, manter-se sempre aberto à aprendizagem, ser curioso, manter-se sensível, presente, atento, disponível e, valorizar a versatilidade, a diversidade, a história, a vida, o novo, a verdade, o belo. Esse profissional precisa desse algo mais. Necessita destacar-se por sua humanidade – porque afinal – é para eles – outros tantos humanos que irá falar... Enfim, há muito sobre o que esse profissional deve fazer e pouco sobre como deve ser... E quanto mais caminho na profissão, mais percebo que o que se espera desse profissional é atitude*.

O que acontece na prática, ao contrário, é diferente. É notório hoje uma grande preocupação com o orçamento e, quando a ques-

---

ATITUDE. Nada mais se espera de um profissional que atitude. Cheia de clareza, objetividade, foco e resultado. É isso! O agir dentro de um planejamento preestabelecido com metas possíveis. Atitude requer muito mais que saber fazer. Requer desejo, capacidade, vontade – requer a decisão de agir – em direção a um objetivo predeterminado. Então vamos pensar – decidi fazer um regime e conto para todos os meus amigos minha intenção. No entanto, na mesma semana tenho duas festas, um evento profissional e diferentes compromissos no almoço... Dessa forma, não consigo manter minha decisão, ou seja, minha meta não será alcançada – ficarei frustrada e também meus amigos que estavam na torcida... Faltou atitude, senso de urgência, estratégia, força de vontade – faltou META. E se isso é verdadeiro na vida pessoal é também no âmbito profissional. Comunicar e não realizar frustra a todos, o mercado, o potencial consumidor... Atitude,por isso, precisa estar no timing certo...

tão é redução de investimentos – a área de comunicação acaba sempre, desprestigiada. E isso leva à juniorização da equipe, ao corte de verba, à descontinuidade de alguns projetos e ao cancelamento de outros etc.

E o problema gerado com essa decisão é uma comunicação – como afirmado anteriormente – correta do ponto de vista da técnica e do uso das ferramentas, nem sempre a mais eficaz quando se fala em construção de imagem e relacionamento.

> A COMUNICAÇÃO DEVE SER CONSIDERADA UMA ÁREA ESTRATÉGICA DENTRO DO NEGÓCIO. É ESSA AFINAL A ATIVIDADE QUE TRAZ VALOR, DEFINE O POSICIONAMENTO...

O papel do profissional de comunicação é estar ligado à estratégia do negócio e, de preferência, como parte daqueles que decidem os rumos da corporação. Essa é a forma mais adequada para que a área possa ter força e influência sobre as demais áreas em suas interfaces com o público interno e externo. Então, é preciso que a direção da área seja conduzida de forma madura com segurança e assertividade. Acredito verdadeiramente que o profissional de comunicação que já tenha passado por alguns segmentos e que depois dessa vivência tenha conhecimento de administração, economia, história, arte, cultura, internet etc. etc., seja um profissional com maior capacidade para integrar a direção de uma organização e agregar mais valor ao negócio. Além disso, é possível que tenha mais voz, mais eco e, por consequência, mais credibilidade junto a seus pares. Resumindo – irá colocar a comunicação em outro patamar dentro da organização e, deste modo, contribuir mais fortemente para modificar internamente o que precisa ser modificado. E, para que esse profissional tenha êxito – vale contar com a contribuição de jovens profissionais que trarão para a comunicação um *refresh*, uma visão mais atual e, quem sabe, digital do que se pode agregar ao negócio em termos de diversidade, dando a este um aspecto mais novo.

Mas, voltando à comunicação conceitual, ela vem para agregar, deve ser tratada de dentro para fora. A equipe "azeitada", "redonda", potencializa fortemente qualquer ação de publicidade, imprensa, promoção de vendas etc.

A força da comunicação está justamente nisso. A fazer viver os valores e princípios da organização, suas crenças e visão de negócio – traz para a marca, produto ou organização novos atributos, novas possibilidades.

Caberá, portanto, ao profissional de comunicação o ampliar, o olhar. Agir com a consciência expandida e, há seu tempo, fazer com que tudo na empresa aconteça de forma coesa e consistente.

Então – os uniformes, os crachás, a comunicação interna, a publicidade, a promoção de vendas, os novos projetos, tudo deve ser orquestrado a partir de um conceito de comunicação estabelecido para que a marca seja reconhecida no segmento e no mercado.

E será que essa não é uma visão exagerada? A comunicação irá interferir em todas as áreas da organização?

Sim se quisermos uma organização com um discurso e atitudes únicos e consistentes. Por exemplo, não vejo como falar de um negócio sustentável – se todas as pontas de produção, matéria-prima, formação de pessoal, tecnologia implantada etc. etc. – não estiverem conectadas... E é assim também com a cultura da empresa.

A pergunta é simples – vamos fazer uma comunicação colcha de retalhos ou uma comunicação conceitual? Vamos maximizar os investimentos da empresa ou vamos continuar a "rasgar notas de $100," a pergunta é essa!

Se as áreas não estiverem ajustadas a um único direcionamento – cada qual irá para a direção que mais lhe convier, seja por ego, seja por vaidade, seja porque tem a solução... Cada qual com seu interesse e aprendizado. Internet, *Marketing*, Fidelidade, Relações Públicas, Tecnologia, Produção, RH, Novos Negócios, Produtos... Imagine cada uma dessas áreas dissociadas... E, parece difícil, ou melhor, impossível de acontecer, mas não é. Não importa o tamanho da organização. Não importa o nível de sua equipe – se o sistema não for cooperativo e a comunicação conceitual – funcionará exatamente deste modo. Um por todos e todos... Bem, cada um para o seu lado!

JORNAL TÉCNICO, PHILLIPS TELEINFORMÁTICA

Histórico – A Philips Teleinformática era uma empresa de tecnologia, líder no seu segmento no Brasil. Parte de um conglomerado holandês com foco em soluções – era uma empresa com um corpo técnico extremamente competente e comprometido e com produtos de ponta – de difícil implantação. Demandavam por isso – mais que comunicação – demandavam – formação e treinamento de multiplicadores capazes de compreender o novo momento, as novas possibilidades: a tecnologia do futuro. Dentro desse contexto a comunicação cuidava também do suporte a vendas nas questões técnicas e era responsável pela edição do JORNAL da empresa voltado para força de vendas e também para clientes. Era um material mensal e com forte apelo nas especificações técnicas de produtos que introduziam no mercado – de forma pioneira – a transmissão de dados e voz por um único equipamento.

Desafio – Transformar o material em um JORNAL mais amigável e de fácil consulta. Um material técnico que poderia ser utilizado em pesquisa e que pudesse ser consultado como suporte para facilitar a compreensão da tecnologia a qualquer momento. Um material que pudesse ajudar o cliente a entender mais dos produtos, e da organização que estava por trás de toda essa inovação. Além disso, as informações deveriam estar organizadas de tal modo que permitissem ao JORNAL ser utilizado como uma referência para a força de vendas – uma ferramenta comercial/promocional capaz de contribuir com as vendas e também com sua formação.

Solução – Mudar totalmente o visual do material tornando-o mais leve, mais fácil de manusear e mudar sua linguagem para que mesmo o leigo pudesse compreender e aplicar seu conteúdo. Definir a editoria, as sessões fixas e o espaço para perguntas e respostas frequentes. Ou seja, o JORNAL recebeu novas imagens, textos curtos e leves e um novo editorial – que sempre reforçava o posicionamento da empresa.

Desenvolvimento – O jornal passou a ser quinzenal e para o seu desenvolvimento criamos um conselho editorial com apoio de vendas. Em conjunto – pudemos compreender melhor as necessidades do cliente e, mais, a forma ideal de editar e produzir o material – para só então formatar a versão final.

Resultado – Ao longo de seis meses a tiragem do material foi aumentada em função da sua aceitação pelos clientes e também pela força de vendas. No mesmo período, esse material substituiu em grande parte a folheteria promocional e passou a ser distribuído também internamente a todos os departamentos da empresa – para que todos os colaboradores compreendessem melhor o desenvolvimento dos produtos e o que essa nova tecnologia impactaria nos negócios como um todo.

O Relacionamento com Parceiros e Fornecedores

Sempre me perguntaram – qual o tamanho da sua equipe? – quantas pessoas se reportam a você? E, durante muito tempo – achei que a área de comunicação fosse mesmo pequena – frente ao tamanho e ao número de profissionais de outras áreas operacionais.

Com o tempo, no entanto, fui percebendo – que mais do que atuar de forma eficaz, administrar, orquestrar, motivar e fazer da equipe um grupo de profissionais prontos, redondos, e totalmente comprometidos com o negócio – cabe ao profissional de comunicação muito mais.

A atuação desse profissional tem como base a inteligência e o saber traduzir para todos aqueles com quem faz interface – a cultura, o DNA, o conceito e valores da organização e os da comunicação. É por isso um trabalho que demanda forte poder de comunicação e, um conhecimento imenso do que está sendo transmitido para que a execução e a operacionalização sejam viáveis. E, nesse sentido, o administrar diferentes fornecedores e parceiros – que acabam por se tornar – verdadeiras extensões da área é um ponto crucial para o sucesso de qualquer profissional.

E, por isso, é estratégico também para o gestor e sua equipe – manter uma relação de proximidade e profissionalismo junto a seus diferentes parceiros, fornecedores: assessorias de imprensa, de relacionamento, de *lobby*, consultores da área de comunicação, *marketing*, *coaching*, agência de publicidade, promoção de vendas, fabricantes de brindes, fotógrafos, agências de comunicação digital, Internet, agência de *design*, empresas de sinalização, empresas de pesquisa de mercado, de estudo de marca, empresas de mídia, especialistas em CRM e programas de fidelização, dirigentes e jornalistas de diferentes editorias de veículos de comunicação, outros executivos da área, ONGs, universidades, institutos de pesquisa, entre outros.

Ou seja, a equipe de comunicação e marketing é de fato muito maior com essa força-tarefa.

E, como se brifa esse povo todo?! O *briefing* também precisa ser estudado e analisado e, se faz parte da rotina, deve estar esquematizado de modo a facilitar a vida de quem está passando a informação e de quem a recebe. Será afinal esse outro – o responsável por transformar o que queremos em uma estratégia, uma campanha, um *site*, uma logomarca, um *stand* etc. etc.

QUANTO MAIS OBJETIVO O *BRIEFING* – MELHOR O RESULTADO.

O *briefing** deve ser, objetivo e claro – como a comunicação – e conter – cenário com histórico da situação e exemplos anteriores se for o caso, com análise do que deu certo e do que não deu; objetivo; público-alvo; período para execução; profissionais/áreas que deverão também ser ouvidas para complementar as informações; *budget*; e resultados esperados.

Se tudo isso estiver, explicitado no *briefing* – ótimo! Os profissionais envolvidos terão asas para voar e apresentar para a organização soluções e, até mesmo, novas oportunidades de negócio.

Vale aqui ressaltar que ao longo de todos esses anos cultivei mais que parceiros e fornecedores. Posso dizer que possuo amigos que com sua visão me fizeram melhor e contribuiram sobremaneira para o sucesso de muitos dos projetos que apresento neste livro. Cia de Vídeo, Lucia Moreira Eventos, Voice Comunicação Institucional, Publicis Norton, Maquina de Notícias, GP7, CDN-Cia da Notícia, Solar Amigo, Rosane Beni, Cia das Artes, Vídeo Imagem são alguns desses parceiros dentre outros tantos profissionais liberais com quem convivi e aprendi.

**Briefing deve ser simples, objetivo e claro... Esses são os três pontos que não podem faltar em um briefing... Assim devem ser os parâmetros de qualquer negociação que venhamos a participar. É preciso ter claro na mente até onde vamos, e então, passar ao outro o que queremos verdadeiramente – será muito mais fácil. Em relacionamentos – e já comentamos sobre os ruídos – isso também acontece... Acontece toda vez que não falamos o que queremos, e utilizamos uma agenda oculta, na qual, o outro não tem acesso... E o mais complicado é que esperamos que sem falar – o outro, possa interpretar o que ficou na entrelinha e nos atender em todas as nossas expectativas e desejos... UM RESULTADO HUMANAMENTE IMPOSSÍVEL!*

Cartão Fidelidade Club Dolfi, Accor Hospitality

Histórico – Embora a rede de Hotéis Novotel seja uma rede focada no executivo em viagens de negócio e lazer, sempre dedicou à criança um tratamento diferenciado. E, nos mais de 600 hotéis da rede pelo mundo, toda criança sempre foi considerada e acolhida como um hóspede, um hóspede mirim. E, para elas foram desenvolvidos cardápio especial, brinquedos no *check-in*, *sets* de bandeja para colorir, espaço infantil no *lobby* dos hotéis, *amenities* especial, monitores e a tarifa família – que garantia a hospedagem e o café da manhã, cortesia para até duas crianças de até 16 anos hospedada no mesmo apartamento dos pais. A ideia é que essas pudessem juntamente com suas famílias usufruir das áreas internas e externas do hotel com muita liberdade e diversão. As crianças eram de fato bem-vindas, isso era deixado muito claro na comunicação da rede com seus públicos de interesse.

Desafio – Fidelizar as milhares de crianças que passavam pela rede todos os anos e aumentar a taxa de ocupação nos hotéis nos fins de semana.

Solução – Em função de todo esse histórico – a Novotel – no Brasil desenhou um produto – o CARTÃO CLUB DOLFI – voltado para o público infantil e, juntamente com a área de operações – fez reviver o Espaço Dolfi para as crianças – nas unidades da rede.

Desenvolvimento – A concepção de todo o material foi feita no Brasil levando em conta a identidade da marca e do mascote Novotel – denominado – Dolfi. Dessa maneira, foram desenvolvidos os cartões, os *kit welcome*, os folhetos e fichas de inscrição e todos os materiais de suporte à venda – incluindo campanha publicitária – dirigida a familiares para que viessem se hospedar nos hotéis da rede. Além disso – foi instituído na Novotel sinalização específica, todo o espaço criança foi atualizado e os colaboradores passaram por um treinamento específico. E, para reforçar ainda mais a comunicação, a marca também criou – o DIA DA CRIANÇA NO NOVOTEL e, na última semana de outubro – em todos os hotéis da rede, em um evento simultâneo – preparava-se a festa para os pequenos – na qual convidados – hóspedes, associados ao Clube Dolfi e seus amiguinhos podiam desfrutar do hotel. Parte da renda desse evento era revertida para entidades assistenciais na região de cada hotel.

Resultados – Antes do segundo ano o Programa Família Novotel alavancou em mais de 30% as vendas nos fins de semana. O Clube Dolfi, no terceiro ano de implantação, contava com mais de 5.000 associados e toda a comunicação com a criançada passou a ser eletrônica. Ou seja, foi desenvolvido no Brasil e-mail, *marketing* interativo e disponibilizado no endereço da rede no país, *link* para os joguinhos eletrônicos no *site* Accor Hospitality França. A rede, totalmente voltada para o homem de negócio, conseguiu um posicionamento preferencial para famílias em viagens de férias e fim de semana – por todo o entretenimento e atenção dispensada às crianças.

As Ferramentas mais Usadas na Comunicação Corporativa

À busca de mais notoriedade, visibilidade e da construção de marcas fortes nesse novo mercado – digital, global, multicultural, regional e cada vez mais exigente e veloz, são implementadas diferentes ações de comunicação. São ações que humanizam a marca e fazem com que o individuo e também consumidor se identifique e estabeleça com ela uma relação, crie um vínculo. Essas ações estejam vinculadas ou não à comunicação corporativa, impactam no movimento dos *stakeholders* mais exigentes e assertivos, mais conscientes e maduros e por isso, mais difíceis de satisfazer.

Abaixo, uma curta definição das principais ferramentas utilizadas pelos profissionais de comunicação. A aplicação dessas ferramentas de forma proativa, orquestrada e voltada para o mercado interno ou externo, juntamente com o alinhamento das demais áreas da organização com relação ao conceito da marca e à missão da organização é que darão o tom e, mais, viabilizarão ou não a construção da marca. O norte como sempre deve ter como pano de fundo – as forças e fraquezas da organização, as oportunidades e ameaças encontradas no mercado: uma estratégia.

E, para tanto, uma reflexão sobre o negócio, com a apresentação do onde se está, para onde se vai e onde se quer chegar é fundamental. Isso, alinhado à visão do negócio – o sonho – vinculado aos objetivos macros de resultados, liderança, fidelização, clima interno fazem a diferença.

Enfim, vamos ao foco das principais:

- RELAÇÕES PÚBLICAS – zelar pela imagem e reputação da marca. Principais atividades – desenvolver o planejamento estratégico de comunicação bem como a implantação e a operacionalização das ações elencadas. Estabelecer ações de relacionamento capazes de incrementar o processo de comunicação institucional e da promoção da integração da organização com a sociedade de um modo geral visando trazer para a organização a confiança, a credibilidade e o respeito da opinião pública. É função de importância estratégica dentro de qualquer organização.

- PROTOCOLO E CERIMONIAL – Estabelecer ações voltadas para protocolo em visitas técnicas, negociações e eventos com a presença de autoridades governamentais e/ou delegações estrangeiras. Desenvolver o cerimonial como atividade de organização e estabelecer ordens de precedências, desenvolver os discursos e coordenar as interfaces.

- COMUNICAÇÃO INTERNA – Disseminar a cultura da organização, missão e valores para todos os níveis da organização. Estabelecer canais de comunicação e implementar ações capazes de fomentar o relacionamento e a comunicação interna. Desenvolver campanhas motivacionais com premiação e reconhecimento de iniciativas vencedoras e, assim, estimular a participação de todos na administração. Dar suporte à área de RH nas ações voltadas a pesquisas de clima e implantação de sistema de MESA ABERTA, organização de eventos de integração e outros.

- IMPRENSA – Monitorar imagem da marca junto ao público imprensa. Divulgar informações relevantes para o mercado. Dar suporte às demais áreas da organização visando consolidar seu posicionamento. Munir a imprensa e formadores de opinião com temas relevantes. Estabelecer Política de Fontes e organizar Media Training visando preparar os porta-vozes da organização. Desenvolver pesquisas junto ao público imprensa e eventos específicos de divulgação de balanço, lançamentos, posicionamento e outros, como coletivas, premiação etc.

- PUBLICIDADE – Divulgar produtos e diferenciais das marcas de modo a apoiar ações comercial e de *marketing*. Envolve diferentes atividades como planejamento, criação, produção e negociação de mídia para campanhas publicitárias, de marketing direto, digital, lançamentos etc., com foco em venda.

- PROPAGANDA – Divulgar o conceito da marca e o que está por trás da organização. Envolve ações de publicidade voltadas para o institucional e para o estabelecimento de vínculos emocionais entre cliente e empresa campanhas, eventos, comunicação dirigida etc.

- PROMOÇÃO DE VENDAS – Desenvolver uma série de ações integradas com as demais ações de comunicação voltadas para incremento ou promoção de vendas. Como – ações pontuais com base em calendário de datas comemorativas, visitas a clientes, *blitz* comerciais, revisão da comunicação no ponto de venda, ações de *merchandising* e outras.

- SERVIÇOS DE MARKETING – Apresentação da organização de marcas e produtos em eventos específicos para o público consumidor. Desenvolver materiais de apoio para as demais áreas de comunicação visando possibilitar sua participação em feiras, congressos, eventos especiais e outros. As peças a serem desenvolvidas são impressos, brindes, *stands*, *baneres*, uniformes promocionais, *hot sites* etc.

- PESQUISA DE MERCADO – Monitorar imagem, estatura da organização e marcas no mercado. Lançar mão de estudos qualitativos, quantitativos, e outros visando conhecer a percepção do cliente – satisfação, recomendação, retorno e outros indicadores importantes para marca como: pesquisas de clima interno, pesquisas de imagem e reputação. Função estratégica para qualquer organização objetiva o acompanhamento constante do mercado, o levantamento de tendências que permitam a conceituação de novos lançamentos.

- COMUNICAÇÃO DIGITAL – Ampliar os canais de relacionamento de forma personalizada. Dentre todos os canais disponíveis a comunicação digital vem se mostrando como uma das maiores revoluções em termos de comunicação depois da TV. Ela é, com certeza, a responsável por colocar qualquer produto, marca ou organização interligada a milhares de pessoas no mundo todo por diferentes canais – *sites*, *blogs*, comunidades virtuais, *sites* de relacionamento, vídeos etc. Mais do que uma fonte de lazer, vem se caracterizando como uma excelente ferramenta de negócio e, por consequência, comunicação, *marketing* e vendas.

- PARCERIAS ESTRATÉGICAS – Buscar para o negócio novas possibilidades de divulgação/experimentação. Estabelecer alianças estratégicas com marcas correlatas visando ao incremento da visibilidade e notoriedade a partir da associação de marcas. Agregar à marca, ao produto e à organização novos atributos de imagem.

- EVENTOS – Transformar eventos em acontecimentos. Criar e coordenar eventos corporativos, de incentivo e/ou de confraternização. Estabelecer as bases do evento, *budget*, local, foco, cardápio, contratação de cerimonialista, contratação de mestre-de-cerimônias, definição da recepção, assessoria de imprensa, fotógrafos, brindes etc. etc. É esse também o profissional responsável por coordenar os diferentes parceiros e a integração das áreas para que o evento seja um sucesso.

- MARKETING DIRETO – Ativar o target em ações dirigidas com baixa dispersão. Permite estimular o relacionamento ao estabelecer um diálogo com o cliente final. Trata-se de uma ferramenta usada no mercado BTC ou BTB com resultados excelentes à medida que segmenta e direciona a mensagem.

- CRM – Gestão do relacionamento com o cliente – Transformar pontos de contato com o cliente em experiência que gera relacionamento, cria lealdade. Base gestão de banco de dados que viabilize a personalização da comunicação com ações programadas que interferem no ciclo de vida dos produtos, traz resultados.

Criação de Brindes mais que Especiais, CBMM

Histórico – No segmento de mineração e metalurgia é realmente complexo fazer diferença. E até por ser um produto que – vem da exploração de um bem mineral – de alguma maneira enaltecer a cultura, a cozinha regional, o povo, os costumes, a arte do país em que se esteja instalado – acaba por ser politicamente correto – uma forma de devolver ao mercado parte do que se beneficia. E, nesse quesito, a CBMM – Cia Brasileira de Metalurgia e Mineração se colocava na liderança. Talvez por tratar-se de um produto *comoditie* – talvez por ser único no mundo – talvez por ser esse o valor maior da organização – toda a política de relações públicas – possuía na base – o resgate da cultura e dos diferenciais das regiões brasileiras. Receber delegações do mundo todo e também do mercado brasileiro era uma constante na empresa. E fazer dessas – visitas especiais e encantadoras – parte do negócio. Tudo com o claro objetivo de – a partir do histórico dessa relação – efetivar o vínculo entre empresa e cliente e/ou formador de opinião, reforçar a questão da solidez, da sustentabilidade e da credibilidade do negócio.

Desafio – Fazer com que a visita à mina e à operação ou ao escritório sede da empresa fosse uma experiência inesquecível. E, para tanto, foi detalhadamente constituído um roteiro de visita técnica e de lazer. Agora o desafio era o algo a mais. A ideia de criar um *plus* que marcasse a visita e que permitisse ao visitante levar consigo – um pouco – das belezas e das delícias da nossa região.

Solução – Desenvolver linha de brindes mais que personalizados para as inúmeras delegações que a empresa recebia ao longo do ano. Essas eram hospedadas na sede da empresa – em uma casa de hóspedes anexa a planta. Para esses convidados, além da visita técnica em Araxá – outras cidades e pontos turísticos brasileiros eram incluídos, para tornar a viagem ainda mais rica, como Brasília, Foz do Iguaçu, Cidades Históricas Mineiras, São Paulo, entre outras. O tempo de permanência dessas delegações era de quatro a seis dias em média. Eles passavam por uma visita técnica a toda a linha de mineração e produção em Araxá – MG e também pelo escritório corporativo em São Paulo.

Desenvolvimento – Para que o cliente levasse consigo lembranças brasileiras e que pudesse receber no seu país de origem – novos mimos e contatos da Empresa Brasileira ao longo de todo o relacionamento foram desenvolvidas uma série de atividades. Os brindes entregues no Brasil eram completamente personalizados e variavam de pedras semi e preciosas, rendas, bordados, utensílios de pedra-sabão e outras, doces mineiros, pimenta, cachaça brasileira, pássaros ornamentais com pedras semipreciosas, joias, carteiras e peças em couro, baralho etc. etc. Mas, o que mais se destacava eram os presentes customizados confeccionados especialmente para esse público – como "palmitos" embalados em um lote específico para envio aos contatos, peças em renda do nordeste brasileiro entre outros. Cada ano – uma nova surpresa. Esse trabalho demandava, por isso, um banco de dados altamente confiável – com informações completas de cada cliente. Nome, empresa, *hobby*, data da chegada ao Brasil, cidades visitadas, brindes recebidos aqui e no seu país de origem, contatos etc. etc. Era, já na época, um CRM na forma de um *mailing list* extremamente completo – que nos dizia inclusive se o cliente era casado, possuía filhos, preferências, data de aniversário etc. etc. Fazíamos isso mais direcionado para os mercados alemão, asiático e americano – onde a empresa possuía escritórios comerciais. Penso, no entanto, que dentre tantos mimos – um era especial. Todos os convidados plantavam uma árvore na Fábrica, ao lado da Mina. Essas eram fotografadas regularmente e, a cada ano, esses mesmos clientes – recebiam em seu país – uma foto da árvore e informações de como estava se desenvolvendo no Brasil. Uma atenção, – mais que especial – cheia de alma.

Resultados – A CBMM conseguiu manter com toda sua carteira de clientes um relacionamento muito estreito e um alto grau de fidelização. Isso contribuiu sobremaneira para o posicionamento da empresa em um mercado – que em pouco tempo – se tornou extremamente competitivo e impessoal.

O Negócio da Comunicação

Bem, até este capitulo vimos muito da importância da comunicação e de como esta impacta positiva ou negativamente o negócio.

Positivamente, toda vez que ajuda a construir o conceito. Negativamente, quando – mesmo com a melhor das intenções – fragmenta o discurso, descuida do marketing, deixa de lado o DNA para implantar a melhor ação de comunicação e marketing sem a preocupação com a sua adequação ou não ao conceito preestabelecido... Isto acontece? Sim: Toda vez que nos encantamos com algum projeto, alguma possibilidade e nos esquecemos de perguntar: isso tem a ver com meu produto ou marca? Isso está dentro do meu CORE, do posicionamento almejado? Ajuda a construir meu posicionamento? Traz resultados a que custo?

Pois é, na rotina de qualquer área por vezes podemos apertar um ou outro botão que não constrói, não soma e, então – imaginem se mais profissionais, em outras áreas da organização – desavisados da existência de um manual da marca, manual de produto, guia de estilo etc. etc... resolve fazer o mesmo? Imagine se em cada departamento ou área, o conceito – a base, aquele que está por trás da marca – fica em segundo plano?

O resultado fica fácil imaginar. Perdemos recursos. A comunicação deixa de ser um aliado para a construção de imagem e passa a ter uma subfunção: resultados de curto, curtíssimo prazo. A questão aqui é que com o passar dos anos – resgatar o conceito que se perdeu – fica mais e mais oneroso. Até porque, criar uma imagem na cabeça do consumidor – é sempre infinitamente mais fácil do que fazê-lo compreender que a imagem mudou, que tudo agora está diferente... Ou seja, melhor trabalhar o conceito e, num processo crescente, manter o produto ou marca em alta, do que ter de resgatar a questão depois... Isso gera ruídos na comunicação, desconstrói, dissolve e, por fim, causa a quebra de confiança, de lealdade...

Afinal, a organização, marca ou produto é a somatória de tudo o que comunica. Tudo o que provoca – experiência, sensações, emoções. Melhor, muito melhor, quando tudo pode ser fundamentado por um CONCEITO de origem que, quanto mais claro, mais fácil de ser aplicado.

A COMUNICAÇÃO CONCEITUAL SE INICIA COM O RESGATE DA ESSÊNCIA DA ORGANIZAÇÃO. É DESENVOLVIDA A PARTIR DE UM DIAGNÓSTICO DE COMO ESTA SE RELACIONA E É PERCEBIDA.

Não me canso de afirmar que para que tenha sucesso a comunicação depende de um diagnóstico atual de tudo o que está implementado nas diversas áreas da organização – não dá simplesmente para assumir a área e continuar a fazer a comunicação – com quem faz uma "colcha de retalhos". E, por que essa preocupação? Lembrem-se sempre: a marca, os produtos, os serviços, a postura dos gestores, o clima entre os colaboradores, a forma como atuam – tudo –, tudo comunica. Gera relacionamento, experiência. Então, a comunicação terá mais eco a partir do momento que conseguir arrebanhar mais e mais seguidores. Será mais "poderosa" quanto mais consistente. Mudar o olhar, conscientizar a todos sobre essa questão não é simples. Demanda foco e mais – demanda ter um norte claro – para que todos internamente possam se enxergar no "filme" e, fora, para que nossos clientes e parceiros possam compreender nossa mensagem, nosso posicionamento. Esse esforço conjunto gera credibilidade, permite a consistência em tudo o que se comunica e entrega. Discurso e ação. Tudo alinhado em prol de um conceito que representa o todo, a promessa, a marca.

A comunicação conceitual por isso, antes de programar ou desenvolver qualquer planejamento, qualquer solução de comunica-

---

*Conceito. Tudo o que tem conceito é redondo. Tudo o que tem identidade, padrão, estilo, é de mais fácil compreensão. Para exemplificar vou lançar mão da IOGA. Ioga para quem não conhece quer dizer união. União entre corpo, mente, espírito, versus a união desse ser com tudo o que o cerca. Outros seres e o meio. É nesse contexto uma filosofia. Uma escolha. E, como toda escolha, tem seus ganhos e perdas. Você consegue imaginar um IOGUE dirigindo uma Ferrari, bêbado altas horas da noite? Um IOGUE fazendo compras em Beverly Hills e degustando champagne ao meio-dia? Pois é. Não dá para imaginar... Não combina, não traduz o conceito, a filosofia. Assim também com produtos e marcas, quando o conceito é estabelecido não há o que mudar. Você imagina uma coca-cola, cor-de-rosa? Uma Ferrari azul? Uma pomba da paz vermelha? Pois é. Tudo comunica. A marca, por isso, depende de conceito, base, fronteiras, limites, demanda identidade. Precisa, dessa forma, ser tratada por inteiro...

ção ajuda o gestor a projetar ações e estratégias em consonância com o negócio e o *timing* do mercado. Obriga-o olhar para sua área, compreender melhor as necessidades da organização, de seus públicos de interesse e da concorrência.

Talvez por isso, proponho aqui, um repensar da comunicação 360 ou da comunicação integrada. Quando partimos de um centro, de um conceito global – alinhar a cada uma das ferramentas e possibilidades de comunicação fica plausível. E, nesse contexto – a comunicação conceitual se destaca do que se propôs até então.

A partir dessa compreensão, contratar especialistas, parceiros e fornecedores: soma. Resignifica a forma de atuar e construir marcas fortes.

Manualização da Publicidade, Blue Tree Hotels

Histórico – A Blue Tree Hotels possui um posicionamento excelente em serviços e, nesse sentido, é uma marca forte. Fazia, no entanto, um esforço enorme de comunicação hotel a hotel o que para a ocasião não contribuía para consolidar a imagem da rede como um todo. Uma marca jovem, dez anos no mercado, precisava iniciar um processo de *branding* que traduzisse sua unicidade, sua alma. Em função da própria dinâmica do setor, seria aceitável compreender que a comunicação, estivesse estruturada dessa forma descentralizada. Esse formato, além de impactar nos investimentos de comunicação e *marketing*, em longo prazo significava perda de identidade. Uma rede com mais de 20 hotéis com a liberdade para divulgar seus diferenciais, pacotes e promoções de forma regional com impacto nacional – poderia gerar ruídos.

Desafio – Encontrar para todo o material publicitário e de comunicação da marca uma identidade visual, forte o suficiente para de forma impactante, fazer com que cada ação – anteriormente isolada – pudesse também contribuir para a construção de um posicionamento sólido para a marca. Agregar a essa comunicação ícones que representassem graficamente – o sonho, as possibilidades de encantar e mimar o cliente.

Solução – Resgatar os manuais de aplicação da marca, desenvolver um Manual de Publicidade Corporativo – com adaptabilidade para cada região e necessidade dos hotéis. Estabelecer o que poderia ser utilizado dali em diante – como cores, tipografia, marca, símbolos etc.

Desenvolvimento – Para que o material fosse aceito e, mais, adotado, juntamente com o desenvolvimento das novas peças de comunicação criamos um *Box* de Endosso Corporativo, um *slogan* que traduzia o espírito que queríamos despertar em nossos clientes e trouxemos para a vida um ícone que representava tudo o que precisávamos na comunicação – criamos a FOLHA AZUL. Ela representava a BLUE TREE, o sonho, as possibilidades, o encantamento – tudo o que poderia ser feito para encantar o cliente e reforçar a chamada – Especial em todos os sentidos. O Manual além de rever a aplicação da marca – tratava dos formatos de publicidade, promoções, da campanha institucional – tudo com exemplos e aplicações de imagem.

Resultado – Desde que foi divulgado e aplicado o Manual de Publicidade Blue Tree Hotels criou-se uma nova identidade para a marca. Mais moderna, mais inovadora – tudo com base em experiências, sensações. Foi eficaz e conseguiu trazer para um mesmo patamar toda a comunicação da rede – anteriormente sem padrão de identidade. Ele extrapolou a publicidade impressa e foi a base do desenvolvimento do visual do novo *site* da empresa, da nova linha de brindes, dos crachás, do boletim informativo interno e de várias outras peças – agora com um endosso e cores corporativas – tudo dentro de um padrão de identidade visual que contribuiu para o fortalecimento de imagem da marca e de seus produtos.

O Círculo da Comunicação Conceitual

Para viabilizar o diagnóstico ou inventário da comunicação da sua organização e, para de forma simplificada, oferecer aos gestores uma visão clara, um mapa, de como anda a comunicação, ou seja, se está ou não alinhada com o conceito do seu negócio, este livro traz uma ferramenta de fácil aplicação – o CÍRCULO DA COMUNICAÇÃO CONCEITUAL. Ele apresenta um inventário completo da comunicação aplicada ao seu negócio. E demonstra em linhas gerais como a empresa vem atuando nesse contexto, o que é preciso fazer para amplificar os sinais emitidos pelas mais diferentes ações de curto, médio ou longo prazo e, o mais importante – o quanto suas ações de comunicação contribuem para a construção ou fragmentação da marca.

O CÍRCULO DA COMUNICAÇÃO CONCEITUAL pode e deve ser aplicado por profissionais de comunicação aptos a gerenciar e programar ações dentro das possibilidades existentes no mercado. E, como uma reflexão da área de comunicação corporativa – oferecer diagnósticos específicos para qualquer organização – seja de que porte for.

Fazer, por exemplo, com que a logomarca represente a cultura da empresa, as ações de balanço e a divulgação de novidades para o mercado – representem as novas tendências, os novos caminhos a serem seguidos, a Internet etc., traduzir tudo isso e reforçar o posicionamento faz parte do desafio.

FAZER O MELHOR NÃO BASTA. É PRECISO ESTAR ALINHADO COM O CONCEITO A VOCAÇÃO DO NEGÓCIO, SUA ESSÊNCIA...

E, para todas essas ações – não basta – fazer o melhor*. A melhor ação, o melhor evento, o melhor *site*, a melhor comunicação

---

*Fazer o melhor. Imagine um jogador de vôlei fazendo o seu melhor na quadra – sem sequer se preocupar com os demais membros da equipe ou com as metas do grupo... Agora pense em um saxofonista, fazendo o melhor em uma banda de jazz – sem ouvir os improvisos do pianista... Vamos pensar também em

também não resolve muito – os prêmios, o reconhecimento para uma ou outra área específica – se não agregar para o todo – sem que qualquer reconhecimento possa ser "colado" a imagem da marca, organização ou produto. E, para que aconteça dessa maneira, há que investir em comunicação de forma concreta, correta, coerente e consistente.

Fazer o melhor funciona dentro de um conceito único. Dentro da cultura preestabelecida dentro do escopo, da unicidade da marca. E, dessa forma, buscar sempre mais notoriedade, agregar mais valor visando construir reputação.

A partir dessa estratégia, que demanda uma reflexão sobre o negócio e a organização, a escolha de profissionais mais comprometidos e envolvidos com os resultados, de parceiros que irão atuar como verdadeiros centros de extensão de suas áreas estratégicas e alinhados à missão e valores propostos, ficará facilitada. Todos, atuando em conjunto parte de uma organização vencedora.

Por isso reafirmo, fazer o melhor, atuar com perfeição e excelência não basta. Precisamos antes – saber onde estamos, para onde vamos e onde queremos estar amanhã – é preciso trabalhar a comunicação em seu sentido mais amplo: arrumar a casa. Entender o que vai dentro da organização, como todos estão se relacionando, como a empresa quer ser percebida, qual o estilo da organização, sua cultura, seu DNA. O que faz sentido ou não para o negócio. Quando conseguirmos compreender isso tudo – ficará mais possível estabelecer o planejamento global de comunicação e *marketing* e vislumbrar como – essa área – poderá dar suporte a todas as demais áreas da organização que de algum modo tenham contato ou interajam com qualquer dos seus públicos. Isto é, Recursos Humanos, Tecnologia, Administração, Finanças, Produtos, entre outras.

E a intervenção da comunicação conceitual – não é um exagero. É na verdade uma forma de fazer prevalecer – a cultura, o DNA,

---

um gerente geral, de um hotel de categoria econômica, que decide, dar a seu cliente serviços de um hotel categoria luxo... Em todos os casos vamos acabar com qualquer possibilidade de sucesso. O que vamos encontrar aí é um time de perdedores, uma banda desajustada e um hotel de categoria econômica – que não se paga... Os custos dos "mimos a mais" além de acabarem com o posicionamento da marca – inviabilizam a operação. Isso tudo acontece – porque o conceito não está claro. A comunicação não foi eficaz para mostrar a cada um desses profissionais – o conceito, os valores, o que se quer com o negócio ou atividade: brand equity.

o conceito da organização. E, nesse caso, isso vale para tudo – da substituição dos uniformes à forma como esta se relaciona com seus acionistas, investidores, parceiros e fornecedores. Por exemplo, se a organização reconhece o público imprensa e organiza para estes encontros anuais para divulgação do balanço e números não deveria – dadas as proporções, fazer o mesmo para os demais segmentos de público? Não deveria estar mais consciente de que a imagem – ultrapassa a ferramenta imprensa e impacta positiva ou negativamente sua reputação cada vez que um colaborador tem uma reação desastrosa ou construtiva?

A comunicação conceitual vem antes do alinhavar os pedaços para produzir uma linda colcha de retalhos. Vem na forma de planejamento antecipado e consistente com base num diagnóstico concreto – capaz de contribuir para o posicionamento da organização e dar a esta o tom mais adequado de estratégia de comunicação.

Marcas Correlatas, Blue Tree Hotels

Histórico – Para uma rede com 26 hotéis na época – todos muito bem posicionados no mercado corporativo e de eventos – centralizar as possíveis alianças estratégicas era mesmo um desafio. E transformar isso em um programa capaz de gerar receita e contribuir com o negócio como já acontecia no segmento de *shopping centers*, hipermercados e outros – mais complexo ainda. Dentro da área de comunicação corporativa da operadora hoteleira não havia uma política para as questões de *merchandising* e alianças estratégicas. Aliás, essa prática é ainda pouco organizada nas redes como um todo – que atendem a demanda por parcerias de maneira informal e sem um critério único. Com uma média de um milhão e setecentos mil hóspedes/ano os hotéis da rede eram de fato uma grande possibilidade de mídia indoor – principalmente – se levarmos em conta o baixíssimo grau de perda e o alto grau de experimentação de qualquer novo produto, marca ou serviço – dentro das áreas comuns e dos próprios apartamentos. Uma oportunidade e tanto para ações de comunicação e *marketing* voltadas para um público qualificado.

Desafio – Oferecer para os clientes da rede mais serviços sem onerar o *budget* da empresa. Encontrar no mercado marcas correlatas para ações conjuntas e gerar para a rede receita marginal para incrementar as ações de comunicação e *marketing*.

Solução – Implementar uma política de *merchandising* e alianças estratégicas visando trazer para a rede uma receita acessória de mídia. Depois de tudo definido, buscar no mercado parceiros potenciais para viabilizar novos projetos da área e, mais, trazer para a operadora novos atributos de imagem a partir da associação de imagem da marca. Esperava-se com isso – ampliar o leque de clientes da rede e impactar formadores de opinião de outros segmentos – que não o corporativo.

Desenvolvimento – Estabelecer os parâmetros para possíveis parcerias com a definição de circuitos e espaços de *merchandising* dentro do hotel. Exemplo – *fitness*, lazer, negócios, beleza, SPA etc. Desenvolver um planejamento anual para apresentação da proposta de *merchandising* na rede para potenciais parceiros x espaço de exposição com metas e indicadores predefinidos. Estabelecer um contrato de preferência para comercialização dos espaços internos com empresa terceira e determinar os valores para cada tipo de ação – *sampling*, construção de áreas específicas de experiências, *stands*, suítes temáticas etc. Desenvolver todo o plano de divulgação incluindo – espaços internos, possibilidades de aplicação de marca, degustação de produtos etc. etc. Organizar lançamento para o mercado com um grande evento para *trade*, potenciais anunciantes e imprensa. Para a ocasião criamos toda a papelaria de divulgação de um dos produtos da rede para simbolizar a forma de abordagem que os potenciais parceiros teriam. Foi criado assim um *show room* no próprio hotel com "teasers" do tipo anuncie aqui.

Resultados – Durante mais de um ano recebemos consultas de diferentes agências de publicidade e empresas. Todas, com grande viabilidade para os anunciantes. Fechamos alguns contratos nos hotéis da região sul – com empresas do setor imobiliário para divulgação de seus produtos a um público AA e ainda com empresas do setor automobilístico para exposição e teste drive para os hóspedes dos hotéis. Como se tratava de um projeto novo e ousado as alianças possíveis – ficavam limitadas a uma ou outra unidade e não – à rede como um todo. O projeto, até o ano de 2007, teve ainda mais vitórias – entre elas – a montagem da primeira suíte temática infantil – em um dos *resorts* da rede em parceria com uma marca de roupas infantis com projeção internacional. A iniciativa trouxe para ambas as marcas – excelente retorno de imagem e, para o público – uma nova forma de experimentar o hotel e a marca infantil. Essa associação – que gerou muita mídia espontânea e trouxe para o *resort* – novos clientes – abriu espaço para que outras ações do mesmo porte fossem traçadas, no futuro, demonstrando que o projeto era potencialmente viável. A proposta é factível.

Tudo o que É Circular Aproxima, Faz Sentido

Na vida como na matemática – um círculo é sempre o conjunto de pontos de uma dada circunferência, ou melhor – um conjunto de pontos no qual a distância do centro possui o mesmo valor. Esse mesmo símbolo, quando usado para reuniões, integração, união de pessoas acorda os sentidos, aflora o acolhimento, a energia positiva, a reflexão, a concentração, o envolvimento da alma e do espírito. É, por fim, uma possibilidade de movimento que leva todos a um só tempo a um único conhecimento. É por isso, muito usado em reuniões, na dança, na música, ou seja, tudo o que está no círculo permite uma comunicação sem palavras e de maior compreensão e aceitação dos envolvidos – são afinal cada um parte e todo. Do mesmo modo, se esse modelo for também aplicado em uma grande organização como um diagnóstico da comunicação – os resultados poderão ser considerados como uma possível manifestação dos sentidos, voltados para um melhor relacionamento, uma melhor base. A base para que a marca, o produto ou a organização como um todo alcancem a imagem perfeita.

E se, analisando melhor tudo o que é circular, "desce redondo", é compreensível o porquê escolhi a esse elemento gráfico para organizar o inventário da comunicação e reforçar a importância na comunicação conceitual.

O CÍRCULO DA COMUNICAÇÃO CONCEITUAL é uma ferramenta que foi desenvolvida visando contribuir com profissionais e gestores da área, bem como estudantes e professores, empresários e outros para a clara compreensão do alcance da comunicação nas escolhas diárias. Ela vai ao encontro do que queremos demonstrar em termos de identidade e alinhamento* com a cultura organizacional.

*Alinhamento. No mundo corporativo ouvimos muito esse termo. Toda vez que queremos falar de objetivos, metas, estratégias e resultados esperados. No mundo real, falamos do alinhar – toda a vez que precisamos nos lançar a uma batalha. E, se acontece na vida, na guerra, no campo, nos jogos – nas empresas

O formato do CÍRCULO DA COMUNICAÇÃO CONCEITUAL traz no centro a cultura, o DNA da organização e, por todo o seu diâmetro – linhas que representam as atividades de comunicação estejam elas diretamente ligadas à área de comunicação corporativa ou não.

QUANDO AS ÁREAS DE UMA ORGANIZAÇÃO NÃO SE RELACIONAM – A COMUNICAÇÃO CONCEITUAL DEIXA DE EXISTIR E ABRE ESPAÇO PARA A DISSOLUÇÃO DA MARCA.

A partir de traçado o círculo, deve-se incluir linhas que partem do centro para a borda representando as atividades/ferramentas de comunicação. Ficará fácil então compreender o que, quanto e como cada atividade traz de valor. Com notas de 0 a 10, para cada uma das ferramentas aplicadas dentro da corporação vamos visualizar as linhas mais próximas ou distantes da borda ou do total do raio em função de sua nota. Isto é – nota 10 ou totalmente alinhada ao conceito da marca até a borda do círculo. Nota cinco ainda não alinhada ao conceito da marca – entre o centro e a borda. No final ao ligar cada uma das linhas vamos ter um desenho mais ou menos redondo e a clara percepção das áreas/ferramentas que estão desalinhadas com o conceito e que precisam de uma intervenção. E, se as ações em seu conjunto representarem outros elementos gráficos que não o círculo – a análise será clara – a comunicação poderá contribuir em alguns aspectos e não em outros. Na somatória das ações e no levantamento dos recursos investidos ficará sempre distante da construção da imagem e da *otimização dos recursos sejam eles humanos ou materiais.* Isto permitirá ao gestor da comunicação – reforçar as ações que mais contribuem para a manutenção da imagem com respeito à cultura organizacional, do produto ou marca e – corrigir –, as que menos se aproximam da borda, ou seja, as que mais se distanciam do conceito e da organização, isto é, não contribuem para a construção do posicionamento.

---

não pode ser diferente. Não dá para sair com o time de frente – com o carro abre-alas – se todos não estiverem conectados – com o conceito alinhado. O impacto de uma saída – sem alinhamento – é quase como se decidirmos visitar o presidente de uma empresa – de chinelos, bermuda e camiseta – com algo do tipo EU ME AMO – no meio da tarde... A secretária não nos deixará sequer entrar no prédio – o que dirá na sala do presidente... O poder da imagem e de tudo o que representa faz toda a diferença e, por isso, alinhar o discurso, a postura, a atitude – ao conceito, ao negócio, às metas será bem fundamental... Daí, a importância da comunicação que extrapola os impressos e todos os demais materiais de comunicação... A comunicação estará sempre na entrelinha, no que não foi dito e sim percebido!

Por fim, o resultado – dependendo da nota que for dada às ações separadas por ferramentas, como relações públicas, imprensa, publicidade, *marketing*, Internet, logística, pesquisa de mercado, mídia digital etc. irá nos dar a visão que precisamos para pôr em curso um plano de ação visando o alinhamento dos arcos vitais ao sucesso do negócio, a postura, a forma de se relacionar e impactar o cliente nos diferentes pontos de contato com a marca, à identidade visual, ao posicionamento forte e claro do negócio.

Esse trabalho de arredondamento não é mesmo sem fundamento. É necessário! Demanda atenção, cuidado, foco, e uma clara relação entre equipe e cultura organizacional – uma relação de identidade e respeito, que seja saudável e possível – profissionais que têm a NOÇÃO clara de onde estão e como cada uma das ações que implementa impacta na imagem e reputação da marca, produto ou serviço. O desenho é de rápida interpretação e eficaz. A solução – bem a solução deverá ser customizada para cada negócio...

Não é mesmo simples toda essa transformação mas saibam, faz toda a diferença nos resultados.

Contaminação de Alimentos, Nestlé

Histórico – Diferentemente de outros países onde atua, a empresa sempre manteve um posicionamento ímpar no mercado. Líder em praticamente todos os segmentos de alimentos e bebidas com produtos de altíssima qualidade – atuava sob o trinômio, tradição, confiança e qualidade. Essa posição – iniciava-se nos chocolates passava pelos leites e fórmulas infantis, achocolatados, culinários, refrigerados, biscoitos etc. Ou seja, uma empresa com produtos para todas as idades agora impactada por uma concorrência que começava a se profissionalizar além da abertura de mercado. Com mais de 75 anos Brasil no final da década de 80 – a empresa viveu uma crise. A Nestlé passou a ser chantageada por um criminoso, e ameaçada – temia de qualquer modo prejudicar seus milhares de consumidores pelo país. O então chantagista ameaçava contaminar os produtos da empresa no ponto de venda – e já havia dado mostras de que isso seria mesmo possível.

Desafio – Encontrar uma solução capaz de proteger os seus milhares de consumidores – na época a Nestlé possuía mais de 400 produtos no mercado –, e estancar o problema para que isso não mais ocorresse. O chantageador adulterava embalagens nos pontos de vendas e não havia maneiras de identificar exatamente o como, onde ou quando isso acontecia. Fato é que – quando ele informava: há um produto contaminado na prateleira X de um supermercado Y – o produto realmente estava lá como uma mensagem para a direção – "não estou brincando".

Solução – No momento em que a direção recebeu todas as informações sobre o caso – imediatamente foi acionado o comitê interno de crise e, em consenso, a decisão foi informar ao público sobre o que de fato estava acontecendo – sem ocultar nenhum detalhe. O comitê assumiu dessa forma qualquer possibilidade de prejuízo desde que o consumidor fosse preservado e a empresa mantivesse sua atuação transparente e confiável.

Desenvolvimento – A partir de então, foi criado um comunicado ao público apelando aos consumidores – não consumirem os produtos da marca no Brasil – pois estes poderiam estar contaminados. A comunicação solicitava a todos a verificar a embalagem e comunicar à empresa ou aos órgãos competentes qualquer possível violação do produto. Veiculado na mídia impressa e eletrônica a repercussão foi imensa. Paralelamente a distribuição dessa comunicação foi chamada – em caráter de urgência – para uma coletiva de imprensa com os principais veículos de comunicação que prontamente nos atenderam e contribuíram na divulgação da nota. Ao mesmo tempo – dentro da empresa – era acionada uma força-tarefa para nos pontos de venda – informar ao cliente sobre os riscos de consumir os produtos adulterados, ao mesmo tempo em que era solicitado ao cliente ajuda para a verificação de qualquer possível alteração no produto ou embalagem. Além dessas medidas, a empresa organizou plantão 24 horas no CENTRO DE INFORMAÇÃO AO CONSUMIDOR. E para atender as milhares de ligações que chegavam – além das posições ocupadas por nossa equipe – voluntários de todas as áreas e posições da empresa se revezavam no atendimento ao público. Nesse meio-tempo a polícia já acionada deu todo o suporte para a empresa, seu corpo diretivo e parceiros.

Resultado – A chantagem terminou. O criminoso nunca foi identificado. A Nestlé perdeu nos três primeiros meses do anúncio ao mercado – 30% das vendas – o que foi rapidamente recuperado no semestre seguinte. Com relação à imagem e à reputação da marca – que era reconhecida – pela tradição, qualidade e confiança – dois novos atributos foram acrescidos – respeito ao consumidor e modernidade. Ao longo do tempo – os consumidores veriam que a Nestlé possuía ainda outros atributos e um a um foram se incorporando à marca – entre eles ética, responsabilidade social, compromisso com o país etc. etc. Tudo isso trouxe para a marca mais notoriedade. E, para o consumidor – a certeza do quanto ele era importante para a organização. Ele era sim a história da empresa...

A Comunicação da Sua Organização Está Redonda?

A comunicação da sua organização está redonda? As áreas estão integradas? A postura alinhada ao discurso? A cultura organizacional – assimilada por todos – incluindo colaboradores, acionistas, investidores, parceiros, fornecedores, formadores de opinião e a comunidade em geral? A identidade visual, a aplicação das cores corporativas, tudo está em harmonia dentro do conceito macro da marca, organização ou produto? O círculo da comunicação conceitual nos dá um diagnóstico do que está dentro – vamos precisar de outras ferramentas complementares para saber como a organização, marca ou produto está sendo percebida do lado de fora...

É imprescindível olhar para esses pontos. Diagnosticar a quantas anda a comunicação na organização seja ela manifestada de que forma for – e, saber disso tudo – junto a todos os seus públicos de interesse é essencial.

E, para que isso seja viabilizado, há que, além de olhar para dentro, para como a comunicação está projetada x como vem sendo realizada, cruzar as informações de como a empresa e a marca têm sua imagem projetada no mercado e, mais, como anda sua reputação, isto é, como vêm sendo percebidas por seus diferentes públicos – externo, intermediários, clientes, governo, imprensa, comunidade, entre outros a partir de pesquisas, de análises de comportamento e tendências.

Levo aqui em conta a certeza de que todos, todos somos formadores de opinião* e, por isso, dentro da nossa área de atuação – responsáveis pela imagem da marca e do produto que projetamos. Ou

---

*Formadores de opinião. No atual estágio da comunicação que nos encontramos – todos somos formadores de opinião. Todos impactamos positiva ou negativamente a imagem e a reputação de uma organização e, por consequência, o negócio como um todo. E, mais do que formadores de opinião, somos mais conscientes dos nossos direitos e deveres e dos impactos que uma organização pode

seja, a postura da equipe e do profissional de comunicação também conta. Somos responsáveis pela imagem e reputação da marca e, por isso, temos sim – direitos e deveres para com a organização, seus valores, seu conceito, seus gestores.

E, se em algum momento, em alguma área ou departamento – alguém deixou de lado a cultura da empresa – problema nosso também. Temos a missão de fazer com que todos dentro da organização conheçam sua cultura e atuem em compasso com o que foi previamente estabelecido.

A comunicação estará redonda – somente quando for respeitada em todos os níveis da organização. A figura da organização nesse contexto torna-se então humana. A marca, a organização, o produto passam a respirar de forma sistêmica – integrada. Com todos os processos, procedimentos, áreas e profissionais interligados em uma grande rede, com uma única visão.

A BOA COMUNICAÇÃO ESTIMULA O RELACIONAMENTO SAUDÁVEL. A CONSTRUÇÃO DA ALMA, DO CORAÇÃO DA ORGANIZAÇÃO. ISSO TUDO RESULTA NA MANUTENÇÃO DA PERSONALIDADE, AUTENTICIDADE E UNICIDADE DE CADA SISTEMA...

E, se como afirmam tantos autores – a imagem, a marca, estão na cabeça do consumidor – ela de fato entra no mundo da experimentação e extrapola o espaço organizacional. Passa a ser formatada de acordo com o que consegue despertar na percepção do outro. Desse modo, se todos – passamos um mesmo conceito – é bem provável que o que chegará ao cliente, ao investidor, ao parceiro, – seja a mesma "música".

Todo produto, marca ou organização precisa de uma identidade própria. E isso só é possível quando o conceito está claro. Integra-se ao mercado. Aplica o melhor em tecnologia, valoriza seus recursos. Respeita os aspectos locais. Está adequada ao momento, às necessidades e expectativas do consumidor. A marca é o maior ativo estratégico de uma organização. Saber trabalhar na gestão da sua comunicação é por isso um bom começo para o sucesso.

---

ou não oferecer à sociedade. Somos por isso, parte do negócio. E, enquanto parte, queremos o que faz bem, o que agrega, o que traz valor. E, nesse cenário – a COMUNICAÇÃO CONCEITUAL – abraça uma importância ainda maior. Sua eficácia depende não só de profissionalismo – mas de coerência entre DISCURSO E ATITUDE. PROMESSA E ENTREGA. IMAGEM E REPUTAÇÃO...

Hoje uma marca – e podemos dizer o mesmo de um indivíduo – é valorizada por diferentes aspectos. Tangíveis e intangíveis. Eles formam a identidade (quem somos, cultura, valores, DNA, essência); a marca propriamente dita (o nome adotado, o símbolo, as cores, a mensagem, o *slogan*); a imagem projetada (como queremos ser percebidos, qual a nossa promessa, a que viemos); e, a reputação (como de fato somos percebidos, avaliados e até mesmo julgados no mercado). Atingem diferentes esferas – ligadas a comportamento, desempenho do negócio, liderança, lucratividade para acionistas, estratégias adotadas, grau de sustentabilidade, responsabilidade social, compromisso com o país, ética, compromisso com RH, notoriedade, capacidade de competir globalmente, solidez, qualidade de produtos e serviços, inovação, gestão excelente e respeito ao consumidor.

E, se uma marca, organização ou produto são hoje avaliados nessa profundidade, mais um motivo para que a cultura seja à base da construção – os alicerces do que somos, como nos posicionamos, como projetamos nossa imagem e como queremos ser por fim percebidos. É essa equação que precisamos solucionar. É essa a equação que fará toda a diferença no sucesso do negócio e na manutenção de eventuais crises.

No mercado global, irá de verdade construir a diferença quem conseguir conciliar todos esses fatores e se relacionar de forma equilibrada com os públicos da organização.

Implantação do Centro de Pesquisa e Documentação Histórica, Nestlé

Histórico – A Nestlé iniciou suas operações no Brasil em 1876 – 10 anos depois da sua fundação e do lançamento da Farinha Láctea de Henry Nestlé na Europa. E, desde então, inúmeros foram os produtos lançados no mercado brasileiro. No final da década de 90, o portfólio e os produtos da empresa ultrapassavam 400 – divididos em Chocolates e Biscoitos, Leites e Culinários, Refrigerados, Sorvetes e Produtos Infantis. Na época, a mobilidade oferecida e o rodízio entre os profissionais de produtos, uma realidade. Tudo ocorria de forma natural – à medida que novas oportunidades surgiam em novas áreas da empresa e ainda em novos mercados onde a Nestlé passava a atuar. Nesse contexto, as informações históricas de lançamentos, novos produtos, campanhas etc. – ao invés de estarem organizadas e à disposição desses profissionais – ficavam dispersas e espalhadas pelas diferentes agências de publicidade que atuavam junto à Nestlé no início da década de 90.

Desafio – Reunir campanhas, anúncios, rótulos, embalagens, publicações e outras informações da empresa e a partir de então avaliar a possibilidade de facilitar o acesso a essa informação aos profissionais das áreas de produtos da empresa. Dar a estes um histórico, produto a produto, de modo a facilitar suas decisões futuras de relançamento ou reposicionamento no mercado. Ao mesmo tempo, reconstituir a história da empresa no país – a partir de dados, informações, produtos e embalagens...

Solução – Implantação de um CENTRO DE PESQUISA E DOCUMENTAÇÃO HISTÓRICA na sede da Nestlé no Brasil. O centro deveria funcionar como uma biblioteca técnica e sua organização precisaria ser exemplar – face ao número de pesquisas esperado depois de seu lançamento. Todo o material reunido – deveria ficar – em ambiente protegido, climatizado, e as peças catalogadas por historiadoras, capazes de desenvolver um processo de biblioteconomia que nos ajudasse na ampliação e na atualização constantes das informações cadastradas.

Desenvolvimento – A viabilização do projeto demandou a organização de uma ampla campanha interna de mobilização e sensibilização dos funcionários para a reunião do material que seria a base – do futuro CENTRO DE DOCUMENTAÇÃO E PESQUISA HISTÓRICA DA NESTLÉ NO BRASIL. Essa campanha foi lançada por ocasião dos 70 anos da Empresa no Brasil e, a partir dela – conseguimos reunir mais de 10 mil documentos entre fotos históricas, coleções de almanaques, revistas, rótulos, embalagens etc. etc. Paralelamente a campanha voltada para o público interno – iniciamos também a pesquisa junto aos nossos parceiros, fornecedores e amigos. Com isso, em cinco anos de trabalho – foram catalogados, registrados e digitalizados mais de 30 mil documentos entre rótulos, embalagens, jornais, filmes, vídeos etc. etc.

Resultado – O CENTRO foi lançado por ocasião dos 75 anos da NESTLÉ no Brasil, com uma campanha que utilizava não só as imagens históricas da empresa no Brasil, como resgatava a importância do negócio na vida dos brasileiros. Além disso, as peças históricas foram expostas e utilizadas para ilustração de brindes muito especiais – dirigidos a consumidores, colaboradores e clientes. O CENTRO permanece ativo ainda hoje e com grande parte do acervo já digitalizado. É fonte de pesquisa para projetos internos e para o público em geral, além de ser fonte para os profissionais de todas as áreas da organização.

As Atividades da Comunicação Corporativa

São tantas e tão complexas as atividades de comunicação corporativa – que só mesmo sendo um SUPER-HERÓI para fazer da marca e da organização um modelo no mercado – com equipes cada vez mais reduzidas e recursos mais e mais escassos. O profissional de comunicação deve desenvolver uma série de ações e somente elas – já seriam o suficiente para tomar todo o seu tempo dentro da organização e lhe dar prestígio o suficiente para ocupar uma posição de destaque. O que acontece é que além das atividades apontadas, a área precisa estar também "antenada" com o que está acontecendo nas demais áreas da organização, no mercado, no mundo, na concorrência e naqueles produtos – de segmentos fora do seu setor – que um dia poderão impactar seu negócio.

Essa, no meu entender, deveria ser a fórmula para fazer com que a comunicação corporativa pudesse se consolidar ainda mais como uma área estratégica voltada para a definição de políticas e diretrizes de comunicação, por zelar pela imagem e reputação da marca e por ser também responsável pela forma como a organização se relaciona com seus públicos. Ou seja, o círculo da comunicação conceitual poderia sim, ser ampliado e aplicado em toda a corporação para que pudéssemos entender, quais as áreas que contribuem – entendem o negócio e quais caminham solitárias – fazendo sempre seu melhor é claro...

E, nesse sentido, a comunicação ocupa um espaço estratégico. Deve dessa maneira estar envolvida na coordenação de profissionais voltados para o monitoramento do mercado, análise de oportunidades e revisão do negócio. O resultado esperado: fortalecer o posicionamento da marca, agregar à imagem da empresa novos atributos e zelar por sua reputação. E, dessa forma, abrir espaço para uma atuação mais agressiva do negócio frente à concorrência.

Enfim, é importante que fique claro – sempre caberá ao profissional de comunicação trabalhar para traduzir os valores e compromissos da organização para o mercado. E, para tanto, há que estar completamente envolvido nas estratégias que impactam os processos, a renovação e o reposicionamento do negócio, as auditorias de imagem e de como tudo isso – pode cooperar com as ações de *marketing*, vendas, operações etc. etc.

E então, o que se espera de um gestor de comunicação corporativa?

Abaixo elenquei algumas das atividades demandadas a qualquer profissional de comunicação em grandes corporações. A essas se somam uma série de ações programadas e não programadas que surgem e que ficarão mais claras no dia a dia.

1. Desenvolver diagnóstico claro da comunicação na organização como um todo e traçar a partir daí um Planejamento Global de Comunicação.
2. Disseminar a cultura, identidade e valores da marca, produto e organização.
3. Construir e zelar pela imagem e reputação da marca – *brand equity*.
4. Desenvolver projetos de *branding* e arquitetura de marca.
5. Definir as Políticas e Diretrizes de Comunicação da organização, da marca ou produto.
6. Definir e implementar a Política de Fontes e preparar os porta-vozes para que possam falar em nome da empresa. Organizar para tal o *paper position* da organização e *media training* para o corpo gerencial.
7. Promover ações de relacionamento entre organização e *stakeholders*.
8. Ser porta-voz da organização e desenvolver outros porta-vozes.
9. Estabelecer a Política de Crises e coordenar a equipe de monitoramento de questões públicas.
10. Estabelecer os canais de ligação entre a área de comunicação e as demais áreas da empresa visando à integração de todos os envolvidos e à maximização dos recursos.
11. Representar a organização frente aos seus mais diversos públicos e atuar em entidades representativas do setor.
12. Liderar, consolidar e executar o planejamento estratégico de comunicação e relações institucionais em parceria com os

diversos setores e alinhado aos objetivos da instituição para a área.

13. Propor, desenvolver e implantar as atividades prioritárias de comunicação em consonância com o planejamento estratégico global da organização e, quando for necessário, liderar processos de reflexão estratégica do negócio.
14. Desenvolver campanhas publicitárias e todos os demais materiais de comunicação da empresa em contato com o público interno e o externo – sejam eles impressos, eletrônicos ou digitais.
15. Desenvolver parcerias e alianças estratégicas com marcas correlatas, buscando otimização de espaços e recursos disponíveis.
16. Desenvolver e acompanhar planos de trabalho e estabelecer indicadores capazes de avaliar o desempenho da área.
17. Responsabilizar-se pela maximização dos recursos da área, controle orçamentário e por todos os conteúdos dos contratos a serem realizados no âmbito de suas atividades.
18. Dar suporte às demais áreas da organização nas ações de comunicação, fidelização e relacionamento.
19. Organizar eventos corporativos, de incentivo e confraternização – da concepção à operacionalização – além de *stands*, materiais para divulgação em feiras e congressos do setor.
20. Escrever discursos, textos em geral – tornar-se – guardião dos valores e visão do negócio.
21. Interagir e articular as demais empresas do grupo, nacionais e internacionais.
22. Zelar pela implementação de Manuais de Política de Identidade Visual da Marca, bem como da sua aplicação em quaisquer materiais de comunicação internos ou externos à organização.
23. Implementar e lançar projetos voltados ao Terceiro Setor e à Responsabilidade Social, compromisso com o país e sustentabilidade.
24. Monitorar o Mercado e implementar sistemas de renovação a partir das oportunidades encontradas.
25. Atuar junto às áreas comerciais e operacionais para atendimento e acompanhamento de programas de SERVIÇOS AO CLIENTE.

26. Monitorar graus de satisfação e recomendação da organização, produtos, serviços ou marca.
27. Gerir a equipe, desenvolver talentos.
28. Estabelecer alianças estratégicas com seus pares dentro da organização.
29. Desenvolver programas de relacionamento e reconhecimento.
30. Definir políticas e diretrizes voltadas para a comunicação interna.
31. Desenvolver pesquisas de mercado para dar suporte às ações da área.
32. Lançar produtos, selos comemorativos, selos voltados a questões sociais, de meio ambiente e outras.
33. Cuidar do resgate da história da origem, de onde tudo começou.
34. Implantar pesquisas de clima e monitorar a satisfação interna.
35. Desenvolver mecanismos de monitoramento de mercado com foco em questões públicas.
36. Implantar projetos de conscientização e ampliação do olhar voltados para 3º setor.
37. Zelar pelo sucesso da marca e de coerência do negócio como um todo, em todas as suas interfaces.
38. Definição de indicadores de área para comportamento, mensuração de resultados e avaliação de processos.

Um Hotel Posicionado para o Público Adulto.
Projeto de Consultoria

Histórico – Há algum tempo fui convidada a fazer o diagnóstico de um empreendimento hoteleiro realmente único. Um hotel com serviços classe A, com instalações e infraestrutura de primeiro mundo. A questão era que em função do tipo de público que o hotel recebia – com esportes do tipo: golfe, tênis e outros – se concentrava para o público adulto com necessidades específicas, como relaxamento, espaço para leitura, espaço para poder criar, escrever, construir – enfim – silêncio, bom serviço e acomodações excelentes.

Desafio – Desenvolver pesquisas de mercado e indicadores que permitissem à administração investir no reposicionamento do empreendimento – voltado exclusivamente para o público adulto. Isto é – convencer a administração a aceitar a vocação do hotel e entender que neste empreendimento o público infantil – não era bem-vindo.

Solução – Analisar dados, rever estatísticas, compreender melhor as necessidades e expectativas de clientes atuais e potenciais. Depois disso, aceitar definitivamente a vocação do empreendimento de focar no público adulto. A solução incluía a revisão de toda a política comercial – deixando claro – para todos os potenciais clientes o novo posicionamento do produto. Paralelamente ao projeto foi também proposto o desenvolvimento de outro hotel, anexo – como foco em família – dessa forma, o empreendimento poderia manter seus *habitués*, ampliar sua posição no mercado com pacotes especiais, promocionais para o público *single*, casal sem filhos etc. e criar em outro espaço – dentro do complexo – um nicho para outro público – família com aproveitamento de áreas de lazer comuns.

Desenvolvimento – Depois do produto revisto, a política comercial refeita e o posicionamento restabelecido – seriam desenvolvidas diferentes atividades para reforçar ainda mais a vocação do produto. A comunicação se faria mais requintada, mais dirigida e as instalações ganhariam novo apelo. Afinal, depois de definido o segmento-alvo, ficaria mais fácil direcionar os recursos para: criar uma biblioteca e uma videoteca com títulos para o público adulto; implantar uma enoteca e criar festivais gastronômicas vinculados à arte e à degustação de vinhos; ampliar o espaço para leitura; desenvolver cardápios diferenciados; estabelecer atividades de SPA, implementar – dentro do espaço do hotel – uma área para cães e gatos – ou seja – reconhecer as necessidades desse público extremamente exigente e atendê-las.

Resultado – Depois de tudo implementado, posicionamento revisto e instalações lançadas a expectativa era de um aumento de 30% na taxa de ocupação além da criação de indicadores de lealdade que colocariam o hotel como um dos mais cotados na região para esse segmento. Havia ainda a expectativa de ganhos de imagem com atributos voltados para a inovação, a modernidade, o respeito ao cliente entre outros. Esse projeto não foi implementado.

Conclusão

Dentre tudo o que foi abordado até aqui – sobre comunicação, ferramentas, perfil do profissional, planejamento etc. etc., sempre é válido incluir alguns cases como exemplo. E, por isso, selecionei alguns dos programas e projetos que implementei ao longo dos últimos anos e que são uma boa referência de quão abrangente é essa nossa área de comunicação.

E, quando estava selecionando esse material, que distribuí ao longo do livro, percebi que faltava ainda um comentário. Muitos dos cases foram pinçados de estratégias – mais amplas e, enquanto parte – podem somente dar uma ideia do que se pode fazer – não da dimensão que podem ter – quando potencializados dentro de uma estratégia global de longo prazo. Quero crer que sim – podem servir como inspiração para quem está do outro lado.

A outra questão é o mundo das redes sociais. Alguns dos cases apontados – de fato – foram desenvolvidos num mundo onde a comunicação digital começava a despontar ou, seja, não estava ainda totalmente disponível. Mas continuam válidos e devem ser vistos a luz de toda a tecnologia e recursos hoje disponíveis no mundo digital – fico aqui imaginando um centro de pesquisa e documentação – *online*; um manual de abertura de hotéis – compartilhado; a comunicação que se cria – a partir do outro e não da organização etc. etc.

Por essa razão, compartilhar experiências é sempre saudável. Espero por isso despertar no leitor o seu poder de criação. E, dentro do seu processo de abstração – quem sabe – a possibilidade de encontrar soluções inovadoras para o seu negócio.

E, é claro que vale antes de encerrar deixar claro que a formação e o desenvolvimento de um profissional da área – demanda mais que cases de sucesso – demanda curiosidade, saber olhar o mercado, compreender o outro. Talvez por isso, durante todo esse período, tenha procurado estudar outras disciplinas, participar de ONGs, me envolver com grupos de estudo voltados à organização espiritualizada e saudável, grupos de terapias etc. etc. Daí, me tornar uma colunista, escritora e consultora de comunicação e *marketing*, foi um pulo. Publiquei livros de autoajuda e fiz diferentes trabalhos corporais e de meditação entre eles – uma pós-graduação em YOGA. Tudo isso sei que contribuiu para expandir a consciência sobre o ser humano e as formas como se comunica, se faz presente, íntegro – se relaciona.

Além disso tudo – não poderia deixar de mencionar que sempre recorri a muitos mestres. Trabalhei com verdadeiros heróis. Meus Gerentes, Diretores e, é claro, meus Assistentes, Estagiários parceiros, fornecedores e colegas de profissão. Aprendi muito com cada um deles, e fico feliz em poder levar para vocês um pouco do que experimentei na comunicação corporativa.

Mais ainda – falar de uma nova ferramenta – a comunicação conceitual – que tenho a certeza fará muita diferença – dentro do negócio, da organização, da marca ou produto administrado.

Então – mãos à obra! A comunicação não pode esperar. Sucesso nas suas empreitadas! Os resultados serão sentidos por todos.

Bibliografia

ALCÂNTARA, Norma; CHAPARRO, Manuel Carlos e GARCIA, Wilson. *Imprensa na Berlinda*. Celebris, 2005.

COLLINS, Jim. *Empresas Feitas para Vencer*. Editora Campus, 2002.

CURY, Augusto Jorge. *Inteligência Multifocal*. Cultrix, 1998.

FILO, Paulo Vasconcelos e Pagnoncelli, DERNIZO. *Construindo Estratégias para Vencer*. Editora Campus, 2001.

GODIN Seth e COW, Purple. Transform your Business by Being Remarkable. Portfólio, 2002.

KAKU, Michio. *Visões de Futuro*. Ciência Atual Rocco, 1997.

LIPOVETSKY, Gilles. *A Felicidade Paradoxal*. Companhia das Letras, 2006.

MARTINS, José S. *O Poder da Imagem*. Intermeios Comunicação, 1992.

MORGAN, Nigel. Destination Branding. Butterworth Heinemann, 2002.

MORITA, Akio. *Made in Japan*. Editora Cultura, 1986.

NAISBITT, John. *Paradoxo Global*. Editora Campus, 1994.

NASSAR, Paulo. *Tudo é Comunicação*. Lazuli Editora.

NASSIF, Luís. *O Jornalismo dos Anos 90*. Futura, 2003.

OKONKWO, Uche. *Luxury, Fashion, Branding*. Palgrave Macmillan, 2007.

PORTER, Michael E. *Estratégia Competitiva*. Editora Campus, 1986.

POSNER, Kouzes. *O Desafio da Liderança*. Editora Campus, 1995.

REICHHELD, Fred. *A Pergunta Definitiva*, 2006.

REICHHELD, Frederick F. *Princípios da Lealdade*, 2001.

ROSENWALD, Peter J. Acountable Marketing. *Otimizando Resultados dos Investimentos em MKT*. Thomson, 2005.

SEGAL, Sandra e HORNE, David. *Human Dynamics*. Qualitymark, 1998.

SENGE, Peter. *A Quinta Disciplina*. Editora Best Seller, 2002.

VAZ, Gil Nuno. *Marketing Institucional*. Pioneira, 1973.

WHEATLEY, Margaret. *Liderança e a Nova Ciência*. Cultrix, 1999.

ANEXOS

- MODELO DE PLANILHA PARA PLANEJAMENTO DE COMUNICAÇÃO
- MODELO DE PLANILHA PARA ORÇAMENTO
- MODELO DE PLANILHA PARA PLANO DE AÇÃO
- MODELO DE PLANILHA PARA ACOMPANHAMENTO DE INDICADORES
- CÍRCULO DE DIAGNÓSTICO DE COMUNICAÇÃO
- BASE PARA DIAGNÓSTICO DE COMUNICAÇÃO E MARKETING/INVENTÁRIO

PLANILHA PARA PLANEJAMENTO

				PLANEJAMENTO DE COMUNICAÇÃO					
HISTÓRICO	DESAFIO	SOLUÇÃO	ESTRATÉGIA	OBJETIVO	PÚBLICO-ALVO	RESULTADO	RESPONSÁVEL	PERÍODO	PARCEIROS	INVESTIMENTO
										0,00

PLANILHA PARA ORÇAMENTO

ORÇAMENTO PARA PLANEJAMENTO DE COMUNICAÇÃO

	JANEIRO ESTIMADO	JANEIRO REAL	FEVEREIRO ESTIMADO	FEVEREIRO REAL	MARÇO ESTIMADO	MARÇO REAL	ABRIL ESTIMADO	ABRIL REAL	MAIO ESTIMADO	MAIO REAL	JUNHO ESTIMADO	JUNHO REAL	TOTAL
DIVERSOS													
SUBTOTAL	—	—	—	—	—	—	—	—	—	—	—	—	—
RELAÇÕES PÚBLICAS													
SUBTOTAL	—	—	—	—	—	—	—	—	—	—	—	—	—
ASSESSORIA DE IMPRENSA													
SUBTOTAL	—	—	—	—	—	—	—	—	—	—	—	—	—

(continua)

PLANILHA PARA ORÇAMENTO (continuação)

PUBLICIDADE	JANEIRO ESTIMADO	JANEIRO REAL	FEVEREIRO ESTIMADO	FEVEREIRO REAL	MARÇO ESTIMADO	MARÇO REAL	ABRIL ESTIMADO	ABRIL REAL	MAIO ESTIMADO	MAIO REAL	JUNHO ESTIMADO	JUNHO REAL	TOTAL
SUBTOTAL	—	—	—	—	—	—	—	—	—	—	—	—	—

PROMOÇÃO / EVENTOS	JANEIRO ESTIMADO	JANEIRO REAL	FEVEREIRO ESTIMADO	FEVEREIRO REAL	MARÇO ESTIMADO	MARÇO REAL	ABRIL ESTIMADO	ABRIL REAL	MAIO ESTIMADO	MAIO REAL	JUNHO ESTIMADO	JUNHO REAL	TOTAL
SUBTOTAL	—	—	—	—	—	—	—	—	—	—	—	—	—

AÇÕES DE RESPONSABILIDADE SOCIAL	JANEIRO ESTIMADO	JANEIRO REAL	FEVEREIRO ESTIMADO	FEVEREIRO REAL	MARÇO ESTIMADO	MARÇO REAL	ABRIL ESTIMADO	ABRIL REAL	MAIO ESTIMADO	MAIO REAL	JUNHO ESTIMADO	JUNHO REAL	TOTAL
SUBTOTAL	—	—	—	—	—	—	—	—	—	—	—	—	—

PESQUISA DE MERCADO	JANEIRO ESTIMADO	JANEIRO REAL	FEVEREIRO ESTIMADO	FEVEREIRO REAL	MARÇO ESTIMADO	MARÇO REAL	ABRIL ESTIMADO	ABRIL REAL	MAIO ESTIMADO	MAIO REAL	JUNHO ESTIMADO	JUNHO REAL	TOTAL
SUBTOTAL	—	—	—	—	—	—	—	—	—	—	—	—	—

PLANILHA PARA PLANO DE AÇÃO

	PLANO DE AÇÃO				
ATIVIDADE / AÇÃO	DESCRIÇÃO	DESENVOLVIMENTO	RESPONSÁVEL	PRAZO PARA EXECUÇÃO	INVESTIMENTO	STATUS

PLANILHA PARA ACOMPANHAMENTO DE INDICADORES

INDICADOR	MECÂNICA DE ACOMPANHAMENTO	PERIODICIDADE X META	RESULTADO: VISIBILIDADE, NOTORIEDADE DA MARCA, OUTROS

(PLANILHA PARA FORMAÇÃO DOS INDICADORES)

O CÍRCULO DA COMUNICAÇÃO IDEAL

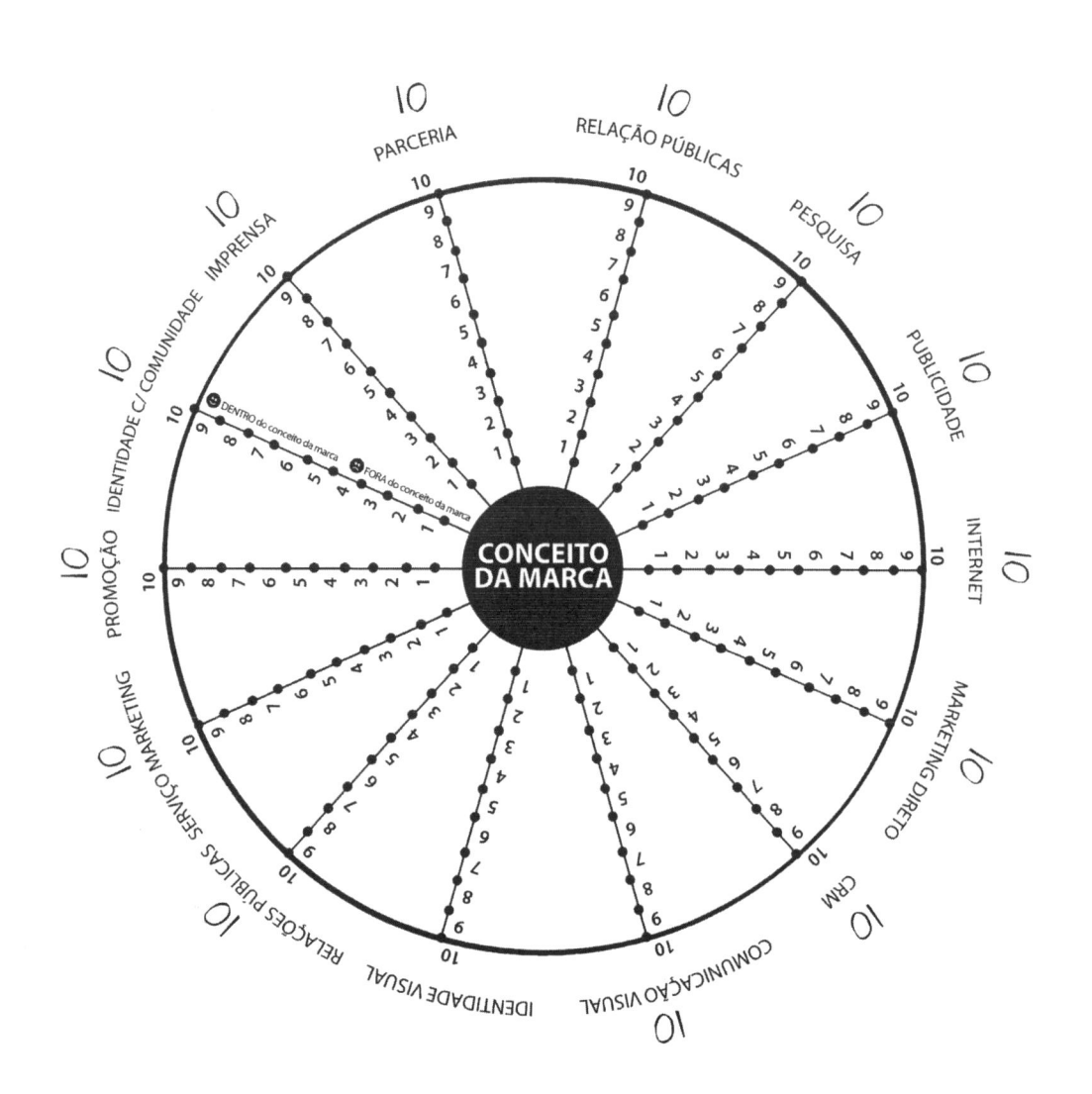

EXEMPLO DO CÍRCULO DA COMUNICAÇÃO COM PROBLEMAS

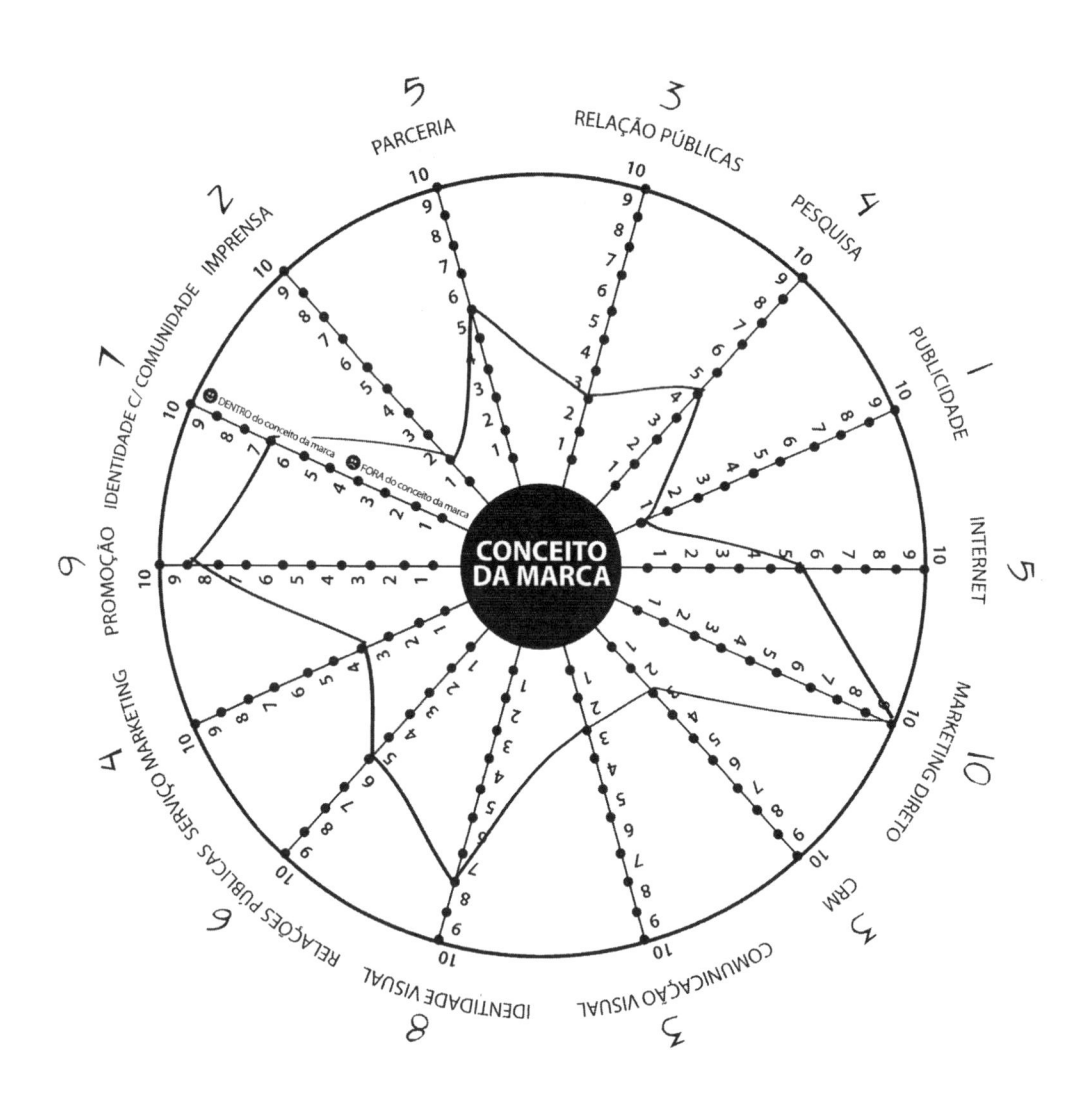

FAÇA SEU CÍRCULO DA COMUNICAÇÃO

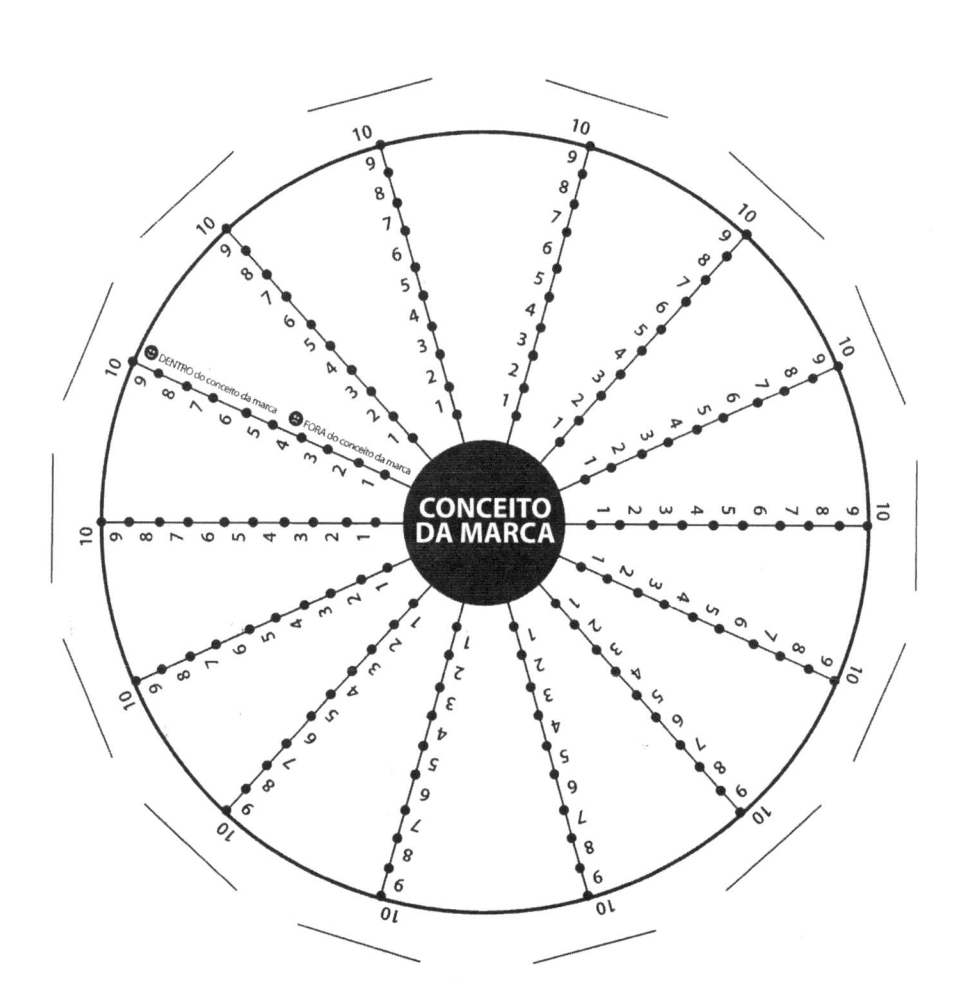

Área	Indicador	MÊS			MÉDIA ANO ANTERIOR			JANEIRO			FEVEREIRO			MARÇO			ABRIL		
					Meta	Real	% Ating Meta	Meta	Real	% Ating Meta	Meta	Real	% Ating Meta	Meta	Real	% Ating Meta	Meta	Real	% Ating Meta
Marketing																			

Área	Indicador	Mês			Média Ano Anterior			Maio			Junho			Julho			Agosto		
					Meta	Real	% Ating Meta	Meta	Real	% Ating Meta	Meta	Real	% Ating Meta	Meta	Real	% Ating Meta	Meta	Real	% Ating Meta
Marketing																			

Área	Indicador	Mês			Média Ano Anterior			Setembro			Outubro			Novembro			Dezembro		
					Meta	Real	% Ating Meta	Meta	Real	% Ating Meta	Meta	Real	% Ating Meta	Meta	Real	% Ating Meta	Meta	Real	% Ating Meta
Marketing																			

BASE PARA DIAGNÓSTICO DE COMUNICAÇÃO E *MARKETING*
INVENTÁRIO

Empresa/Organização
SA ou limitada
Grupo a que pertence
Composição societária
Segmento em que atua
Principais produtos
Foco de atuação BTB
Foco de atuação BTC
Vendas no mercado interno em %
Vendas no mercado externo em %
Produtos sazonais
Data de fundação
Número de funcionários
Grau de escolaridade
Visão de negócio
Missão
Valores
Sustentabilidade
Compromisso com o país
Faturamento/ano
Principais concorrentes
Posicionamento atual
Posicionamento almejado

COMUNICAÇÃO
Estrutura
Políticas de comunicação com públicos interno, externo, formador de opinião
Parceiros/fornecedores em áreas de atuação
Planejamento anual estratégico

Avaliação das ações implementadas
Inventário de imagem da marca
Inventário de imagem dos produtos

MARKETING DIRETO
Estrutura
Fornecedores
Parceiros
Investimentos
MKT direto

FIDELIZAÇÃO
Base de dados
CRM
Programa de fidelidade
Hot site sobre fidelidade

COMUNICAÇÃO VISUAL
Sinalização de vias de acesso
Sinalização de entrada
Sinalização de saída
Sinalização de fachada
Sinalização interna

INSTALAÇÕES
Localização
Limpeza
Segurança
Tecnologia implementada
Serviços
Áreas de funcionários (sala de treinamento, refeitório, vestiários, toaletes e outros)

ACOLHIMENTO
Treinamento da equipe
Sorriso
Cordialidade
Autonomia
Compromisso
Envolvimento
Perfil
Uniformes em contato com o cliente
Uniformes do *back*

IDENTIDADE VISUAL
Estudo da marca
Manual de aplicação da marca
Guia de estilo
Manual de sinalização
Papelaria logotipada de uso externo
Papelaria logotipada de uso interno

COMUNICAÇÃO INTERNA
Murais
Jornal interno/Newsletter
Boletim interno
Intranet
TV
Rádio
Outros
Carta do presidente
Mesa-redonda
Pesquisa de clima
Turnover
Compromisso e envolvimento da equipe
Cultura da empresa implementada
Campanhas de incentivo/sugestões

EVENTOS
Segmentação: Relacionamento, lançamentos, incorporação etc.
Manualização
Definição formato / parceiros / fornecedores / promoter / RRPP / imprensa

IMPRENSA
Assessoria de imprensa *fee* mensal
Jornalista contratado
Assessoria de imprensa *job fee*
Política de porta-vozes
Media training
Pesquisa de imagem
Coletivas de balanço
Monitoramento do mercado
Monitoramento da empresa na mídia
Fotos atualizadas dos principais dirigentes da organização
Clipadora
Desenvolvimento de *relases*, *press kits*, artigos assinados
Lobby

RELAÇÕES PÚBLICAS
Participação em entidades do setor
Classificação dentro da pesquisa – Melhor empresa para se trabalhar
Inscrição / Participação em premiações do setor
Brindes exclusivos com aplicação da marca
Portfólio
Folheto institucional
Catálogo de produtos / diretório
Vídeo – Multimídia Institucional
Fotos atualizadas dos principais dirigentes
Discursos, cartas e outros em suporte à presidência
Mailinp List centralizado
Programa – Gestão relacionamento

RELAÇÕES COM A COMUNIDADE
Programa de Responsabilidade Social
Programas ambientais
Fundação / Instituto
Contribuição com ONGs
Contribuição com outros movimentos sociais
Desenvolvimento de Concursos Culturais / outros
Patrocínio eventos culturais, esportivos etc.

RELAÇÕES INSTITUCIONAIS
Programa com o investidor
Canal de comunicação com investidor
Cartão investidor de benefícios
Programa investidor de benefícios
Hot site investidor
Monitoramento questões públicas
Parcerias com universidades
Definição de políticas e diretrizes
Criação de manuais
Interface com orgãos governamentais

PUBLICIDADE
Investimentos
Anúncios ocasionais
Anúncios cooperados
Campanha institucional
Campanha de vendas
Campanha de lançamentos
Negociações de mídia impressa
Negociações de mídia eletrônica
Negociações de mídia *on-line*
Negociações de mídia – non mídia
Fotos atualizadas dos produtos / instalações

VENDAS

Investimentos
Participação em eventos / feiras
Desenvolvimento de calendário de eventos promocionais
Blitz comerciais
Campanhas de incentivo público interno
Campanhas de incentivo *target*
Butique com *griffe* derivada da marca
Central de reservas
Share de mercado
Atendimento ao cliente
Desenvolvimento de palestras técnicas para potencial multiplicadores / consumidores
Desenvolvimento de manuais técnicos para potencial multiplicadores / consumidores

INTERNET

Investimento
Data do desenvolvimento do *site*
Manutenção mensal
Atualização
Renovação
Butique *on-line*
Vendas *on-line*
Segurança do *site*
E-NEWS mensal com promoções
E-MAIL MKT mensal com promoções
Mídia social

PESQUISA DE IMAGEM

Pesquisa de imagem
Pesquisa de produto
Reputação da marca

Pesquisa de imagens principais dirigentes
Estudos quali / quanti / semiótica / outros

PARCERIAS ESTRATÉGICAS
Principais parceiros
Parcerias comerciais em andamento
Parcerias institucionais em andamento
Eventos relacionamento

AÇÕES *MERCHANDISING*
Comercialização de espaço interno
Comercialização de espaço externo
Compra de mídia

OMBUSDMAN
Estrutura
Número de consultas/dia
Foco

SERVIÇO AO CLIENTE
Estrutura
Número de consultas/dia

CENTRO DE DOCUMENTAÇÃO HISTÓRIA
Estrutura
Número de documentos catalogados

MASCOTES / PERSONAGENS
Conceito
Registro na Escola de Belas-Artes
Aplicação
Licença de uso

BUTIQUE / BRINDES PERSONALIZADOS

Desenvolvimento de produtos com a marca / grife
Criação da arquitetura da loja
Desenvolvimento de uniformes dos vendedores

SERVIÇOS DE *MARKETING*

Participação em eventos da área
Tipo de *stand* utilizado
Criação de uniformes para promotoras
Desenvolvimento de folheteria promocional
Treinamento das promotoras

TEMATIZAÇÃO – AROMATIZAÇÃO DOS ESPAÇOS

Definição do tema
Treinamento do pessoal
Implantação
Avaliação junto ao cliente

SHOW ROOM

Existência de *Show Room* – Tema
Instalações
Sinalização
Produtos em exposição
Biblioteca técnica acoplada

AÇÕES ESPECÍFICAS PARA O PÚBLICO INFANTIL

Hot Site
Cartão fidelidade
Brindes

Sobre a Autora

Sandra Maia, formada em Comunicação com especialização em Relações Públicas, possui pós-graduações em Administração de *Marketing* pela ESPM – Escola Superior de Propaganda e *Marketing* – e especializações em Técnicas de Negociação, Excelência em Gestão e Administração de *Marketing* pela Fundação Getúlio Vargas. A executiva iniciou sua carreira em 1983 no departamento de Relações Públicas da Secretaria de Estado dos Negócios da Agricultura. Em seguida, atuou na CBMM – Cia. Brasileira de Metalurgia e Mineração, Phillips Teleinformática e Nestlé. Em 1997 assumiu a gerência de comunicação da Accor Hotels, respondendo pela Comunicação Corporativa da Empresa para a América do Sul. Em 2006, iniciou a implantação da área de *Marketing* Corporativo na *Blue Tree Hotels* no Brasil e na Argentina. Desde de 2008 está à frente de reestruturação da comunicação do grupo Rio Quente para as marcas Rio Quente Resorts, Hot Park, Valetur e Rio Quente Vacation Club. Sandra é consultora em Comunicação e *Marketing*, pós-graduada em Ioga, colunista e autora de livros de autoajuda. Participou do curso de Certificação RP2 – Relaxamento, Respiração, Postura e Passagem voltado à configuração corporal, domínio e equilíbrio (*Fitness/Wellness*).

QUALITYMARK EDITORA

Entre em sintonia com o mundo

QualityPhone:

0800-0263311

Ligação gratuita

Qualitymark Editora
Rua Teixeira Júnior, 441 – São Cristóvão
20921-405 – Rio de Janeiro – RJ
Tels.: (21) 3094-8400/3295-9800
Fax: (21) 3295-9824
www.qualitymark.com.br
e-mail: quality@qualitymark.com.br

Dados Técnicos:

• Formato:	16 x 23 cm
• Mancha:	12 x 19 cm
• Fonte:	Bistream Vera Sans
• Corpo:	10
• Entrelinha:	12,5
• Total de Páginas:	156
• 1ª Reimpressão	2011
• Gráfica:	Sermograf